本书受首都经济贸易大学北京市属高校基本科研业务费专□□□□□□□□□贸
易大学新入职青年教师科研启动基金项目（00691965991312）与国家社会科学
基金"研发指数构建与应用评价研究"（14BGL023）的资助

# 研发指数构建
# 与应用评价研究

张　悦　著

中国财经出版传媒集团

经济科学出版社

Economic Science Press

**图书在版编目（CIP）数据**

研发指数构建与应用评价研究/张悦著．—北京：
经济科学出版社，2020.12
ISBN 978 - 7 - 5218 - 1605 - 1

Ⅰ.①研… Ⅱ.①张… Ⅲ.①企业管理－技术革新－
研究 Ⅳ.①F273.1

中国版本图书馆 CIP 数据核字（2020）第 092167 号

责任编辑：谭志军
责任校对：王苗苗
责任印制：李 鹏 范 艳

**研发指数构建与应用评价研究**
张 悦 著
经济科学出版社出版、发行 新华书店经销
社址：北京市海淀区阜成路甲 28 号 邮编：100142
总编部电话：010 - 88191217 发行部电话：010 - 88191522
网址：www.esp.com.cn
电子邮箱：esp@esp.com.cn
天猫网店：经济科学出版社旗舰店
网址：http://jjkxcbs.tmall.com
北京季蜂印刷有限公司印装
710×1000 16 开 14 印张 250000 字
2020 年 12 月第 1 版 2020 年 12 月第 1 次印刷
ISBN 978 - 7 - 5218 - 1605 - 1 定价：68.00 元
（图书出现印装问题，本社负责调换。电话：010 - 88191510）
（版权所有 侵权必究 打击盗版 举报热线：010 - 88191661
QQ：2242791300 营销中心电话：010 - 88191537
电子邮箱：dbts@esp.com.cn）

# 前言

## PREFACE

本书是我在北京大学博士后工作期间的出站报告基础上增补而成。书中主要探讨了企业会计提供的各类研发信息如何用指数形式科学凝练地表达。众所周知，中国会计准则自 2006 年修改以来，研发信息的披露问题一直是会计准则重点强调的部分。后经 2012 年、2014 年、2016 年多次修改，会计准则对于企业研发信息的披露要求不断加强。一方面，会计准则对于企业定量类的研发信息做出了更严格的披露要求；另一方面，会计准则也对企业描述性的研发信息，如企业的研发战略、研发风险等提出了更全面的披露规范。2017 年 12 月 25 日，财政部更是在《关于修订印发 2018 年度一般企业财务报表格式的通知》中，将"研发费用"从"管理费用"科目中分拆出来，成为独立的第四类"期间费用"，从而实现了在报表层面对研发费用资本化（即资产负债表"开发支出"科目）与费用化（即利润表"研发费用"科目）的完整披露。

然而，作为一项高风险性与高独占性的长期投资，企业目前披露的研发信息仍然存在着诸多疑问：企业研发信息的披露水平是否能够满足各类信息使用者的需求？中国上市公司研发信息的披露质量如何？各类研发信息应当如何解读？是否可以探寻一种综合反映研发信息的指标，以方便各类信息使用者解读企业研发信息？在本书中，我试图对企业披露的各类研发信息进行性质判断，分析各类研发信息的逻辑关系，并采用指数形式构建研发指数，反映企业研发综合水平。

　　虽然本书主要从理论层面对研发指数的构建进行了探讨，但仍然具有一定的实际意义和较强的现实背景。中国正处于经济改革与历史发展的关键时期，为进入创新型国家行列，实现中华民族的伟大复兴，党的十九大报告特别提出加快实施创新驱动发展战略的重大部署，强调科技创新是提高社会生产力和综合国力的战略支撑，必须摆在国家发展全局的核心位置。同时，"中国制造2025"计划也强调坚持创新驱动的基本方针，推动中国在 2025 年迈入制造强国行列。为落实创新驱动国策，早日实现强国理想，创新型公司必将成为今后中国创新发展的中坚力量。在这一过程中，高质量的公司研发信息是降低市场信息不对称性的必要条件，对评价公司创新实力、促进资源合理配置会产生重要作用。本书也正是尝试在这一领域做出一些贡献。

# 摘 要

## ABSTRACT

党的十九大提出加快实施创新驱动发展战略的重大部署，强调科技创新是提高社会生产力和综合国力的战略支撑，必须摆在国家发展全局的核心位置。同时，十九大报告特别强调了"建立以企业为主体、市场为导向、产学研深度融合的技术创新体系"。这说明，企业的主体作用、市场的资源配置作用，是今后中国创新领域的中坚力量和主要形式。对企业研发综合实力的评价，也必将影响到企业战略制定、市场资源分配，乃至于国家各项政策制定的合理性，对创新驱动战略的顺利实施会产生重要作用。

中国目前正处于经济改革与历史发展的关键时期，若想进入创新型国家行列，实现中华民族的伟大复兴，必须在全社会弘扬创新精神与创新文化。"万民创新"昭示着创新时代的来临，而公司是这个时代创新活动的主力军。党中央在"十三五规划建议"中，特别强调了加强公司在创新过程中的主体地位和主导作用。政府的决策说明，公司将在我国今后的创新舞台上扮演越来越重要的角色。公司创新能力的高低将会对我国未来经济发展和国际地位产生重要影响。

然而，创新活动具有高风险特征，受到了外部环境不确定性（杨卓尔，2016）、项目复杂程度以及公司自身研发能力等多种因素影响（李晓峰，2005）。盲目地鼓励创新并不一定会带来益处。理性的创新过程应当合理权衡创新行为所带来的收益与风险水平，并对主体的创新能力进行评估，才能够做出相对科学的创新决策。

但是，我国目前尚缺乏一套普遍公认的公司创新能力评价指标体系。这对公司研发创新决策和政府研发政策的制定具有不利影响。本书致力于对此问题进行进一步的研究。基本的研究思路是：通过建立公司研发指数，反映公司创新活动创造价值的能力。指数在经济学中常用来反映复杂经济问题，它便于一般大众对于复杂问题的理解和评价。很多指数也常作为管理部门制定决策的重要依据。采用指数的形式反映创新价值，既便于综合考量研发绩效评价的诸多影响因素，又有助于各类信息使用者的应用，使得研究结论易于推广。

为了科学反映公司创新活动创造价值的能力，本书以会计信息系统为基础，探讨了建立公司研发指数模型的方法。同时，以 2007～2017 年我国上市公司作为样本，实际测算公司研发指数，并对指数的稳健性和有效性进行了检验。具体步骤与主要结论和成果为：

第一，本书对已有的研发绩效评价领域的主要文献进行了梳理，并归纳了相关指数的构建方法，包括无形资产指数、创意指数、中关村指数、中国创新指数、专利指数等。在此基础上，提出了本书对于公司研发指数的概念界定：反映公司一定时期内研发活动价值创造综合能力的指标。

第二，利用现金流量折现模型构建了研发活动价值创造模型，并以此为基础，探讨了模型中关键影响因素的构成。通过逻辑分析，将影响公司研发活动价值创造的主要因素归纳为：创新投入、技术水平、创新环境与创新产出四类准则层指标。

第三，根据四类准则层指标对现有的文献研究中出现的指标进行海选。经过可获得性筛选、相关分析筛选、主成分筛选和理性判断后，共剩余15项方案层指标。对最终选定的指标，本书采取主客观相结合的赋权方法，利用熵值赋权法和层次分析法综合赋予权重，最终形成了公司研发指数评价指标体系。

第四，对构建的公司研发指数进行进一步的信度、效度检验。

经过验证发现：公司研发指数的指标权重具有稳定性，不因样本选择的时间跨度和基年不同而产生明显差异；选择样本的行业分布特点与市场整体相符，依样本计算的指标权重具有代表性；同时，根据公司研发指数对高新技术公司的说明力判断、公司研发指数对公司价值的说明力判断、公司研发指数对公司成长性的说明力判断、典型案例说明力判断等，证明了研发指数具有稳定性和相关性特征，且这一特征在宏观层面上依然适用。本书的研究支持了公司研发指数具备稳定性和有效性的结论。

第五，通过与经济周期、知识产权保护等宏观指标的对比，发现公司的研发活动与经济周期呈现逆向增长特征。经济提升和知识产权保护力度的增强一方面改善了创新环境，提升了技术水平和创新产出，但另一方面也削弱了公司研发投入强度。但环境等因素的改善带来的促进作用大于研发活动强度降低带来的负向作用。两者对于研发最终的价值创造水平具有正向作用。本书的结论支持了进一步加强知识产权保护的观点。

第六，利用收入水平作为权重，在公司研发指数的基础上求得了行业研发指数与国家研发指数。研发指数水平较高的行业与实际经验一致。国家层面上的研发指数与经济波动相一致，说明会计数据具有一定的宏观问题反应能力。

本书的理论贡献在于：首次提出了研发指数概念，并进一步探寻以指数形式反映公司研发活动价值创造能力的科学方法；本书的实践意义在于：提供了公司研发指数的评价指标体系及其指标权重，并对指标权重的稳健性与相关性进行了检验。所编制的公司研发指数能够简洁明了地反映公司研发水平，易于在实践中进行推广。本书的研究成果可为公司研发绩效评价领域的相关研究提供借鉴。

# 目 录

## 录

CONTENTS

# 导　　论

## 一、研究缘起与研究意义

### （一）研究背景

美国未来学家阿尔文·托夫勒曾说过："创意时代在来临，谁占领了创意的制高点，谁就能控制全球！"经济理论的发展和社会实践越来越多地证明了研发创新在人类社会发展中的重要作用，"不创新就死亡"这句美国公司界的名言，已经逐渐成为公司生存与国家发展的信条。2013 年 7 月，美国将无形资产计入本国国内生产总值的计算范畴，这一变动预计将为美国的国民经济总值带来 3% 以上的增长。[①] 这说明了科技创新对国家经济的重要促进作用。2015 年两会政府工作报告中，李克强总理继续强调了"大众创业，万众创新"，代表国家层面不断强调创新精神和创新活动在新时代的重要意义。[②]

然而，近年来中国企业在创新领域也暴露出一些亟待解决的问题。2018年，中兴通讯遭受美国芯片禁运，企业不得不在 4 月末暂停了主要经营活

---

[①]　陈莎莎：《无形资产纳入 GDP》［N］.《国际金融报》，2007 年 7 月 31 日。
[②]　《政府工作报告起草组成员解读"大众创业万众创新"》，中国经济网，2015 - 03 - 06。

动，企业股价也遭受重挫。芯片禁运不仅影响了中兴通讯的未来发展，也为中国整个通信行业及其供应商敲响了警钟。无独有偶，2017 年中国 290 家医药上市公司研发费用合计 115 亿美元，不及罗氏制药（世界 500 强企业）研发费用的一半。这说明，核心技术的缺乏与研发投入的不足已经成为跨国企业竞争和大国博弈过程中的重要风险。

2017 年 10 月，党的十九大再次提出加快实施创新驱动发展战略的重大部署，强调科技创新是提高社会生产力和综合国力的战略支撑，必须摆在国家发展全局的核心位置。同时，十九大报告特别强调了"建立以公司为主体、市场为导向、产学研深度融合的技术创新体系"。这说明，党和政府不断认识到，中国目前正处于经济改革与历史发展的关键时期，若想进入创新型国家行列，实现中华民族的伟大复兴，必须将创新精神与创新文化的建立作为工作的重中之重。在这个过程中，公司的主体作用、市场的资源配置作用，将会成为今后中国创新领域的中坚力量和主要形式。对公司研发综合实力的评价，也必将影响到公司战略制定、市场资源分配，乃至于国家各项政策制定的合理性，对创新驱动战略的顺利实施会产生重要作用。

然而，盲目的创新并不一定会带来益处。理性的创新过程应当合理权衡创新行为所带来的收益与风险水平，并对主体的创新能力进行评估，才能够做出相对科学的创新决策。很多专家学者均认识到了这一问题的迫切性，并进行了相应研究，提出了"创意指数""国家创新指数"等综合指标对国家或地区的创新能力进行评价。但是，从微观层面上讲，公司才是国家经济创新的主力军，党中央在"十三五规划建议"中，也特别强调了应当加强公司在创新过程中的主体地位和主导作用。[①] 这一决策充分反映了历史发展的必然规律：纵观人类历史的整个发展历程，公司在人类社会技术突破与进步中均起到了关键的作用。政府的决策说明，我国公司将在今后的创新舞台上扮演越来越重要的角色。从国家战略层面上讲，公司创新能力的高低将会对我国未来国际地位和民族复兴起到决定性的作用。

但是，与现实的需要相冲突的是：我国目前尚缺乏一套科学合理且具有

---

① 《中共中央关于制定国民经济和社会发展第十三个五年规划的建议》，人民网，2015 - 11 - 03。

普适性的公司研发水平评价指标体系。缺乏科学合理的评价必然对公司的研发战略决策和政府研发政策制定产生不利影响。现实迫切需要针对公司研发评价指标的深入研究。

现阶段我国公司除针对某些特定行业的研发类指数评价指标外（如中关村指数），大多数的评价方法还是基于公司研发单指标的衡量。如研发强度评价、专利量的评价等。然而单指标衡量具有片面性，有可能得出与实际情况相违背的评价结论。以宏观层面上的研发指标为例：据经合组织（OECD）的报告，2012 年我国研发投入占 GDP 比重为 1.98%，已超过欧盟 28 个成员方的平均水平 1.96%，[①] 这能否得出我国研发投入水平较高的结论呢？要知道，在同时期的会计数据中，我国上市公司无形资产占总资产比重 2007～2012 年平均为 4.8%，是法国的 0.15 倍、德国的 0.25 倍、英国的 0.3 倍。其中科技含量低的土地使用权与特许经营权合计约占我国上市公司无形资产的 86%，而像土地使用权这类资产在其他国家均视为固定资产核算。如果排除这些低智慧凝结项目的影响，我国实际的无形资产存量仅为法国的 0.02 倍，德国的 0.035 倍，英国的 0.042 倍（崔也光，2013）。我国公司与发达国家公司实际差距悬殊！这些数据表明，我国研发投入水平虽然提高，但转化为实际成果的水平很低。上述事例很好地显示了单指标在评价研发绩效的过程中存在片面性的问题。

再以北京市为例，在我市"十二五"国民经济和社会发展规划中，明确指出北京地区 2015 年的 R&D/GDP 指标达到 5.5% 以上。截至 2010 年，北京地区该指标已达 5.82%，[②] 提前完成计划。然而，与之相对应的是，北京市研发产出指标，如有效专利产出占全国的比重等，则出现了逐年下滑。这也说明过于看重某一指标的考察，并不必然带来好的结果。

对公司研发的评价，应当是深入理解研发的价值创造机制，由多指标权衡后的综合考评。这既有助于科学评价研发绩效，又对公司和相关政府部门制定研发政策起到了好的导向作用。根据我国创新战略，我们要努力在

---

① OECD 公开数据披露。
② 中国科技统计年鉴，2014。

2020年进入创新型国家行列。① 现实迫切呼吁研发综合评价指标的出台，而建立指数又是一种高度凝练地反映复杂问题的科学方法，有助于一般大众对于复杂问题的理解和评价，也是管理部门制定决策的重要依据。建立研发指数，以反映和评价公司乃至国家的研发水平，从而服务于管理当局和投资人决策。这是本书致力于解决的问题。

## （二）研究意义

公司研发指数的设计研究具有较强的理论与现实意义。从理论层面上讲，研究研发指数必须深入探讨研发活动创造价值的机制，确定影响公司研发水平的内在因素与外在因素，并对上述因素进行综合判断与衡量，以确定不同影响因素对公司研发活动的影响效果，将各个单独因素综合判断，从而构建研发指数的理论框架，为设计研发指数打好理论基础。本书的研究可以进一步丰富和完善这一方面的研究工作，并尝试利用公司微观研发指数信息，最终反映宏观经济问题，从理论上探寻将会计问题与宏观经济相连接的可能性。

从现实层面上讲，设立研发指数指标，凝练地反映公司乃至地区、国家的研发水平，有助于信息使用者理解和评价公司等研发行为，能够服务于公司制定研发战略和研发决策的过程；可以作为相关管理部门制定决策的依据；通过披露研发指数，帮助投资人进行投资决策。

# 二、研究内容与研究框架

## （一）研究内容

公司研发指数的研究是将公司研发活动的主要影响因素进行统筹考虑，进而凝练形成综合指标的研究过程。为了科学合理地评价公司研发水平，本

---

① 胡锦涛《坚持走中国特色自主创新道路，为建设创新型国家而努力奋斗》（2006）。

书首先探讨研发指数的内涵与概念。第一步，就目前主要的创新理论，包括创新经济理论、公司资源观理论与核心竞争力理论等，论述研发活动创造价值的理论解释。在此基础上，探讨公司研发指数的概念界定。

此后，本书将对目前有关公司研发活动的主要研究文献进行梳理和总结，梳理总结的过程将分为两个大的方面进行：有关研发活动的主要经济后果研究，以及有关研发活动主要影响因素的研究。对前者（研发活动经济后果）进行综述，便于本书对设计完成的公司研发指数进行可靠性和相关性的检验；对后者进行综述的主要目的在于搭建研发指数的指标评价体系，通过发现若干方面指标在一定的价值创造机制作用下形成的具有逻辑性的关联关系，即可建立较为全面的公司研发指数评价指标体系。在此过程中，本书主要采用文献综述法进行研究。本部分的结论将对公司研发指数的设定提供理论基础。

之后，本书将论述公司研发指数提取信息所面临的基础条件，包括制度基础、数据基础及方法基础。制度基础包括会计准则、税法的相关规定，以及我国知识产权法规中的相关规定及其他国家支持政策；数据基础主要分析了公司财务报告作为研发数据基础平台的充分性与合理性，本书的研究方法是建立在会计学科研究方法的基础之上，主要依赖会计信息系统对公司研发活动进行评价，因此有必要对会计信息生产过程进行梳理和评价，后者直接影响到信息系统提取信息的质量；方法基础则综述了目前较为常用的指数构建方法，并举例说明若干与研发指数相类似的评价指标，说明其主要构建方法、选取的指标以及与本书设计的公司研发指数之间的异同，相应的指标包括无形资产指数（苑泽明，2012）、创意指数（弗罗里达，2002）、中关村指数（北京市统计局，2004）、中国创新指数（国家统计局，2014）、专利指数（德高行，2015）等。通过总结现有指标的构造特点，可以为本书构造的公司研发指数提供借鉴。

在明确指数设计基础条件后，本书将论述公司研发指数的设计思路，提出指数构建的主要原则。通过海选指标、相关性检验、主成分分析、理性判断等方法，确定公司研发指数的指标体系，并采用熵权法赋权。通过层次分析法赋权，对熵权法加以补充和修正。再以我国上市公司为研究样本，求得该指标体系下我国上市公司研发指数。

在此之后，本书将对样本研发指数的信度（可靠性）与效度（相关性）及宏观视角下指数的应用进行检验，以说明本书设计的研发指数具有一定的实用价值。

通过相关检验后，本书将就样本公司的研发指数分布规律、主要的统计特征进行判断，并对研发指数和经济形势、国家研发投入等外在条件进行实证分析，检验研发指数对宏观经济的解释能力。

最后，本书将就研究的主要结论与研究成果进行总结说明，并对研究的不足之处与未来发展展望进行说明。

## （二） 研究框架

本书的研究内容的研究框架如图 1-1 所示。

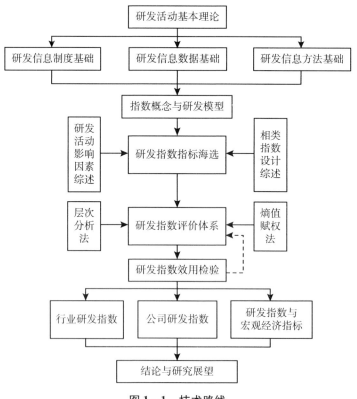

图 1-1　技术路线

　　导论主要说明公司研发指数研究的背景、研究意义、主要的研究思路和方法、研究的技术路线与可能的创新之处。强调进行研发指数研究的必要性。

　　第一篇，理论分析和文献梳理。主要对本研究要设立的公司研发指数的基本内涵、理论依据与影响因素进行了分类论述。为构建公司研发指数打下了理论基础。

　　第二篇，主要介绍了指数构建基础，包括制度基础、数据基础和方法基础。其中，重点探讨了以公司财务报告为数据基础平台的可行性问题，突出了会计数据作为研究基础的重要作用。

　　第三篇，主要总结和介绍了研发指数构建过程，进行公司研发指数指标的海选、相关性分析、主成分分析和熵值赋权，并结合层次分析法等主观赋权方法，初步构建了公司研发指数的综合评价指标体系。

　　第四篇，研发指数指标体系的检验。本篇对构建的研发指数进行信度、效度测试，验证指数评价结果的可靠性和相关性。

　　第五篇，中国研发指数综合报告。本篇以上市公司数据为样本，依照构建的指标体系计算了我国上市公司研发指数。分别从上市公司研发指数的描述性统计、公司研发指数与宏观经济指标（经济波动、国家研发投入强度等）的相关关系对研发指数进行了宏观层面的应用说明。并尝试构建行业研发指数和国家研发指数，从宏观角度探讨公司研发指数的宏观化问题。

　　结语是对本书主要的研究结论进行了归纳总结，并对未来研发指数的进一步研究提出了展望。

# 三、研究创新与不足

## （一）研究创新

　　第一，提出"公司研发指数"的概念，并构建旨在反映公司微观层面研发水平的公司研发指数指标。这方面的研究目前较少有人涉及。本研究提供的公司研发指数信息可以帮助投资人更好地判断上市公司的研发水平，从而对公司的未来价值和成长做出更合理的预测。

第二，在公司研发指数的基础上，进一步完善行业研发指数和国家（地区）研发指数的设计方法，将微观的会计问题提升为中观、宏观的经济问题进行研究。这类尝试有助于拓宽会计数据的应用范围。

第三，利用以公司会计信息为基础计算生成的研发指数评价宏观研发水平，数据基础更加客观，同时也增强会计信息的社会影响力，为公司研发绩效的评价研究提供了新的思路。研究成果可以为政府、行业及公司进行研发决策提供更多渠道的信息参考，从而增强宏观经济分析的可靠性。

## （二） 研 究 不 足

第一，受限于数据可获得性的影响，非上市公司的研发信息很难充分获取，无法编制非上市公司的研发指数。因此单纯利用上市公司数据反映行业、地区信息可能存在片面性的问题。

第二，熵值赋权法的权重受客观数据的特点影响较大，如果客观数据不准确，或者选取的指标不合理，则会影响到最终的权重确定，导致指数设计得不合理。

第三，本书设计的研发指数受研发环境的影响权重较大，而研发环境的影响因素，如资本成本，则不仅能影响公司的研发活动，也会影响到公司的其他经营活动。目前本研究并未找到更好的方法，将这部分不属于公司研发评价的影响作用排除。

第四，层次赋权法，选择的专家及实务人员反馈的信息质量受限于诸多制约因素，指标的代表性和科学性尚有待讨论。今后的研究中可以扩大专家范围，并利用德尔菲法增加反馈次数，以进一步增强指标选取的合理性。

第一篇

# 研发指数基本理论

# 第一章

# 公司研发活动基本理论问题研究

## 一、公司研发与创新经济理论

### （一） 创新经济理论

创新经济理论首先由熊彼特（Joseph A. Schumpeter）系统地进行了论述和研究。他将创新要素作为生产函数的要素之一。之后，罗默（Paul M. Romer，1986）和罗伯特·卢卡斯（Robert E. Lucas，1988）在阿罗的干中学模型基础上，提出了知识溢出模型和人力资本模型，特别说明知识、技术和人力资本积累是促进经济增长的源动力。以上理论经过不断完善，终于形成了较为完备的内生经济增长理论。该理论认为：创新是经济可持续增长的核心动力。同时，经济运行系统外部作用不能够实现经济的持续增长，内生的技术创新是确保经济持续增长的关键因素[①]。创新经济理论是本书建立研发指数，反映公司研发价值创造活动的基础理论依据。

---

① Romer P. M. Increasing Returns and Long – run Growth ［J］. The Journal of Political Economy，1986：1002 – 1037.

## （二） 公司资源观理论

比格尔·沃纳菲尔德（Birger Wernerfelt, 1984）提出公司资源观理论。"资源观理论"是以"资源"作为公司战略决策的中心问题和逻辑起点，以"资源"衡量公司的竞争优势。资源基础理论（Resource – Based View, RBV）假设公司是一类难以被竞争对手学习和模仿的资源集合体，这一特性被称为公司异质性。公司作为一系列资源所构成的有机个体，其是否能够在一段较长的时间内占据竞争优势，主要归因于自身所拥有或控制的那些具有难以仿造、难于交易等特征的特殊资源，尤其是具备特异性的资源。[①]

不同的公司因其拥有的独特且难以被学习的资源和能力不同，因此会在一段较长时间内存在公司间的异质性和差异。在这个过程中，长期占有独特资源的公司更加容易产生超过行业竞争对手的超额收益，从而使得公司在行业竞争过程中具有更强的生存优势和能力。公司资源观理论强调了资源的独占性和非交易性等特点。因为核心的资源很难被复制和交易，无法简单地从公司外部获取，研发活动就成为公司创造异质资源的重要途径。研发成果也是公司资源的重要组成部分。公司资源观理论支持研发活动创造价值的观点，并对此进行了进一步的理论阐释，是本书研究的重压理论基础。

## （三） 核心竞争力理论

核心竞争力的概念由普拉哈拉德 & 哈梅尔（Prahalad and Hamel, 2006）两位教授提出，通常认为核心竞争力，即公司或个人相较于竞争对手而言所具备的竞争优势与核心能力差异。"核心竞争力是公司组织中的积累性知识，特别是关于如何协调不同生产技能和有机结合多种技术流的学识。"[②]

---

[①] Wernerfelt B. A. Resource – Based View of the Firm [J]. Strategic Management Journal, 1984, 5 (2): 171 – 180.

[②] Prahalad C. K., Hamel, G. The Core Competence of The Corporation [M]. Springer Berlin Heidelberg, 2006.

两位学者还进一步提出，"如果说核心竞争力是关于多种技术流之协调整合的，那么它也是关于工作组织方式和价值传递的。"核心竞争力是公司可持续竞争和成长的力量源泉。它是通过公司经营和文化的不断沉淀而成。它存在于整个公司之中，将公司的核心技术能力、核心组织能力和核心文化能力融合为一。

## 二、公司研发活动贡献测度的研究

研发创新活动贡献测度方面的研究一直是学术和实践领域不断研究的重点问题。在学术领域，研发绩效的评价方法经历了从单指标向多指标、财务指标向非财务指标方向的演进和发展。会计领域最先探讨研发绩效评价的文章主要围绕着"研发费用信息是否具有价值相关性？"这一问题展开的。赫希尔和魏甘特（Hirscher & Weygandt，1985）通过使用多元线性回归模型，采用世界 500 强公司作为研究样本，证明了在样本公司中，公司价值与研发费用存在显著的正相关关系。列弗和苏吉安尼斯（Lev & Sougiannis，1996，1999）认为，研发投入的资本化信息是具有价值相关性的，公司披露的研发资本化信息有助于缓解公司与投资者之间的信息不对称，降低代理成本，且列弗（Lev，1999）的研究显示，公司研发投入资本化的程度与股票预期收益具有显著的正相关关系。赵（Zhao，2002）检验了法、英、德、美等国研发费用的价值相关性水平，提出公司研发投入资本化的处理，相比将全部投入费用化的处理，能够向投资者反映额外的公司信息，使得公司的整体信息反映水平提升。这一阶段，衡量公司研发水平主要采用单一指标"研发强度"进行度量。

随着西方社会普遍关注公司研发的绩效评价问题，人们开始发现，利用单一的财务指标评价公司研发绩效容易产生短期行为、很难反映顾客和市场的需求情况，不易反映公司的成长信息。为了满足对于研发活动系统化评价的要求，贝格曼（Begemann，2000）建立了研发绩效的动态评价体系框架。贝格曼的评价体系包括五个系统：外部环境控制子系统、内部环境控制子系统、反馈控制子系统、配置子系统、简化和保障子系统。卢教诚（2008）利用平衡计分卡的设计方法对公司研发活动的绩效评价进行了设计。综上所述，学者们开始尝试通过建立多指标体系的方式，探寻研发绩效的综合评价方法。但是，这一方式仍然不利于直观反映公司研发综合实力，也不利于在不同公司间进行推广和横向比较。

近年来，部分学者开始探讨通过指数形式反映公司创新能力的新思路。指数反映方式与评价指标体系不同，反映信息的综合型和简洁性更强，易于被人接受和推广。卡耐基梅隆大学教授弗罗里达（Florida，2002）首先提出了创意指数概念，用以反映创意经济与社会经济文化的关联关系，该指数有四个主要层面：创意阶级占总人口比重、创新能力（人均专利数）、高科技产业水平（科技极化指数）和多样性（同性恋指数）；2005年1月14日，北京市统计局首次提出并编制了中关村指数，并将指数的测算结果向全社会发布。中关村指数重点反映了北京市高新技术产业相应的发展状况，并对其发展水平与绩效进行了高度凝练的评价。中关村指数主要由五个方面组成，这五个方面分别为：经济增长指数、经济效益指数、技术创新指数、人力资本指数和公司发展指数。其中技术创新指数指标包括研发强度（0.38）、新产品占产品收入比例（0.32）和万人研发人员所占专利数（0.30）；苑泽明等（2012，2015）提出了无形资产指数概念，并从理论上进行了指数构建，将无形资产指数分为技术创新能力、市场竞争能力和公司发展潜力三个层面；梁笑、张浩（2012）利用了2011年上市公司数据计算了公司无形资产指数；张悦（2016）提出了研发指数概念，并利用熵权法从"创新投入""技术水平""创新环境"和"创新产出"四个方面构建指数指标。本书在现有研究的基础上，采用熵权法与层次分析法相结合的方式，形成公司研发综合评价指数。

# 第二章

# 公司研发的经济后果与影响因素研究

创新经济理论等基础理论向人们阐述了研发创新活动的价值创造原理，之后也有很多学者对创新经济理论进行了大量的实证检验。本书将根据研发与公司价值相关性和研发与公司成长相关性这两方面对已有的文献进行梳理。

## 一、公司研发的经济后果

### （一）研发活动的价值相关性

谢勒（Scherer，1965）、格拉博斯基和米勒（Grabowski & Mueller，1978）三位学者共同的研究显示，美国公司，特别是高新技术公司的研发活动与公司价值之间存在着显著的正相关关系。格里利兹（Griliches，1984）使用柯布－道格拉斯生产函数模型，以美国制造业约一千家公司作为试验样本，探讨研发投入与生产力间的相关关系，结果显示基础性研发投入可以显著地提高公司的生产力。贾菲（Jaffe，1986）采用抽样分析法，将400多家美国公司的研发费用与其会计收益的相关性进行研究，结果显示会计收益与公司的研发投入存在显著正相关关系。

列弗和苏吉安尼斯（Lev & Sougiannis，1996，1999）认为，研发投入

的资本化信息是具有价值相关性的，公司披露的研发资本化信息有助于缓解公司与投资者之间的信息不对称，降低代理成本，且列弗的研究显示，公司研发投入资本化的程度与股票预期收益具有显著的正相关关系。汉和玛丽（Han & Manry，2004）以韩国公司为样本，检验了研发资本化的价值相关性问题，实证结果显示，研发投入资本化程度越高，公司价值的增长越大。卡利麦克和兰德里（Callimaci & Landry，2004）以加拿大上市公司为研究样本，研究了公司研发投入信息和股票收益率间的关系。研究发现，研发投入资本化程度可以带来较高的股票回报率。赵（Zhao，2002）检验了法、英、德、美等国研发费用的价值相关性水平。研究发现，公司研发投入资本化的处理，相比将全部投入费用化的处理，能够向投资者反映额外的公司信息，使得公司的整体信息反映水平提升。赫希尔和魏甘特（Hirscher & Weygandt，2003）则通过使用多元线性回归模型，采用世界 500 强公司作为研究样本，证明了在样本公司中，公司价值与研发费用存在显著的正相关关系。艾哈迈德和福尔克（Ahmed & Falk，2006）利用澳大利亚上市公司发现了研发费用资本化程度提升对公司股票价格具备增量解释能力，这一研究结论同样支持了资本化研发投入的价值相关性。

当然，也有部分学者的研究发现公司研发费用的信息并不具有价值相关性。奥斯瓦尔德（Oswald，2000）对英国公司的研究表明，公司无论是资本化的研发费用，还是费用化的研发费用，都与公司价值和股票回报无关。卡扎旺—珍尼和琅琅（Cazavan－Jeny & Jeanjean，2006）在法国的研究甚至发现了资本化的研发投入与公司价值和股票收益率具有负相关关系。

## （二）研发活动与公司成长

有关研发和公司成长的研究也有很多学者进行了探讨，大量的实证结论也支持了研发投入与公司成长间具有显著的正向相关关系。阿洪和豪伊特（Aghion & Howitt，1998）认为创新效果与技术距离存在相关关系。他们通过建立了一套理论研究体系，论证了技术或创新的内生化表现了研发投入以及创新规模的内生化，其中研发的效果受到了公司技术水平与技术前沿距离大小的影响。当技术距离比较小时，研发对公司生产效率的提升作用更明显。此外，该研究还发现：公司较长时期的持续增长与公司的创新投入显著正相关，研发强度与公司的生产效率正相关，而行业特征对研发的效果也具有重要影响，在研发活动剧烈、产成品科技含量高的行业中，公司的研发强度也更高。贾菲（Jaffe，1986）对 1973～1979 年间美国的 432 家制造公司进行了抽样分析，结果表明：研发投入的总收益率为 27%，比实物投资的收益率高出 12%。格里利兹（Griliches，1994）的研究表明公司的全要素生产率一般每年上升 1.5 到 2 个百分点，其中接近一半的增长与员工工作质量的提高、规模经济效益以及产业中的资本流动有关，而其余的增长则主要由公司的研发创新活动带来。Hu 等人（2005）通过采用中国大中型公司的非平衡面板数据作为样本，研究了公司层面的研发强度、创新及知识创造对公司成长的影响效果，实证结果显著性水平很高，其中研发活动对公司成长的作用约 12% 是由新产品的研发生产带来的。公司研发创新的回报率远高于实物资产的回报率，两者相差约为 2～3 倍，而公司规模、市场集中度以及盈利能力对公司创新回报率的影响与其他学者的研究结论基本一致。

虽然部分研究出现了不同的检验结果，但大多数的学者研究的结论仍然支持公司研发具有价值相关性，与公司未来成长具有正向关系。为了进一步对公司研发活动的绩效进行科学评价，学者和实践工作者们开始将研究的注意力转移到研发创造价值的反映和评价方面。

## 二、公司研发的影响因素研究

有鉴于前人进行的研究，本书将梳理与公司研发创新活动相关的主要研究文献，归纳影响研发绩效的主要因素，以及相应的代理变量及其计算方法，为本书研发指数的构建积累指标基础。

根据本书的归纳和整理，将从研发与员工特征、研发与行业竞争等九个层面对现有文献及其主要结论进行论述。

## （一）研发与员工特征

已有研究证明了研发员工特征与研发绩效间具有相关关系。李杉（Chang - Yang Lee，2002）收集了1600多家公司的相关数据，依据各个公司研发团队技术水平的差异，将样本公司分为六个小组，检测各个小组创新团队的研发技术水平和公司研发投入强度的相关关系。实证结果显示公司间的创新团队技术水平的分布特征与公司研发投入水平的分布特征具有显著正相关关系。支持了研发团队技术水平较高可以加强公司的研发活动的假设。进一步的研究试图对公司研发人员的绩效水平进行评价，目前已有的绩效评价方法大致可分为研发员工绩效定量评价法、研发员工绩效定性评价法和研发员工绩效综合评价法三类。其中研发员工绩效综合评价法是将定性评价与定量评价两种方法有机结合在一起，因此兼具两种方法的优点，由此也被很多研究视为较为合理有效的研发人员绩效考评方法（王宗军等，2008；李等，2009）。对于研发人员绩效的综合评价研究，现有的讨论主要分为部门、项目和团队的研发绩效评价这三个层次（李等，2009；荣格和濑尾，2010）。其中，人员创新绩效是三层绩效考核的基础。在创新人员绩效评价方面，林望、王义闹（2008）综合采用了客观赋权法中的熵值法和模糊综合评判法，设计出公司创新人员创新绩效的评价指标体系。胡蕾、郭亚军、易平涛（2009）通过双激励控制线的多阶段信息集结处理，模拟了高新技术公司研发人员在完整的一个研发项目期间产生的创新绩效，并以此对公司的创新人员绩效进行了综合评价。该项研究以项目周期为单位，在逻辑上更加准确地反映了研发人员创新活动整个过程的综合绩效。朱翠翠、李成标、张璐（2010）使用模糊层次分析法对公司创新员工的绩效进行了综合评价。郭亚军（2007）提出，研发人员不同于一般的公司员工，对于自我实现的激励效果更强。现有的评价模式主要采用了"他主式评价"，各类考核指标主要依据评价者而非创新人员自身的判断制定并分配权重，这种评价方式不利于满足研发人员自我实现和自我肯定的心理需要。施奈德（Schneider，1987）则提出，对于技术型员工的绩效考评，应当充分考虑到技术型员工工作内容的主要特征和本质，并尽可能地将考评方式与工作特点加以匹配。技术型员工的绩效考评应当具有独特性而非普适性。这样的评价方法才能够更加准确地反映公司技术型员工的工作绩效。

## （二）研发与行业竞争

现有的研究基本上对公司研发活动受行业因素较大的影响达成共识，并在各类研究中将行业特征作为公司研发绩效评价研究的重要控制变量。而专门针对行业特征与研发绩效的研究很多均采用跨国公司和外资公司作为研究样本。戈尔格和格里纳韦（Gorg & Greenaway，2004）提出，外商直接投资（FDI）的技术溢出效应可能具有两面性，但并未对此进行进一步的探讨。尽管通常的研究均认为，公司知识溢出效应的直接表现是外资公司对国内公司生产效率的正向影响（卡夫尼，1974；哈里斯，2002；蒂勒曼斯和洛里，2002），但是由于外资公司与国内公司存在竞争关系，由此而产生的对公司研发的负面效应也可能中和了技术转移的正向影响（艾特肯和哈里森，1999；卡斯泰拉尼和赞菲，2003）。巴里等（Barry et al.，2001）以爱尔兰制造业公司为样本，证明了跨国公司对本地公司技术水平存在负向影响。由于两类影响共同存在，外资公司进入本土竞争对公司研发水平的总效果究竟如何并不明确。

因此，后期的研究基本上将市场竞争对公司研发水平的作用效果分为两类：短期的负面效应和长期的正面效应。从短期角度看，随着外部竞争者参与市场，技术水平更高的公司会抢占市场份额，原有的公司因为竞争压力不得不提高平均成本，因而生产力水平出现下滑。这种下滑程度会因技术水平的差距增大而加大（Sembenelli & Siotis，2005）。塞姆贝内利和西尔图斯（Sembenelli & Siotis，2005）的研究还将外资公司进入市场的方法加以区分，分别验证了不同进入方法对市场竞争压力的区别影响。研究结论显示，短期负面的效应主要来源于新外资公司进入市场竞争，而非已存在于竞争市场的外资公司。

从行业竞争的长期效果来看，随着新的竞争者进入行业，原有公司不得不加速吸纳新的技术和创新成果，以提高自身的生产力水平来应对竞争。这就会引起行业中的正面竞争效应。贝塔斯曼（Bartelsman，2004）通过对比发达国家和发展中国家的不同样本，发现了行业中的正向竞争效应。他的研究显示，外资公司人员变动率与内资公司的生产率具有显著的正向相关关系。阿洪等（Aghion et al.，2002）以英国市场为研究对象，发现外资公司加入市场竞争提高了本土公司的创新强度。王红领、李稻葵（2006）站在行业角度重点探讨了外资公司进入对国内公司研发水平的影响。该项研究也发现两者有显著的正相关关系。沈坤荣、孙文杰（2009）通过控制外资公司的溢出效应，发现了在短期内 FDI 产生了明显的负面竞争效应；而从长期角度出发，两者的生产力水平逐渐减小差距，这说明了长期来看 FDI 促进了本土公司研发水平的提高。进一步的研究表明，通过对不同市场竞争强度的样本进行分组检验，沈坤荣等发现在市场竞争较为激烈的行业中，本土公司的研发强度受到了更大的影响。

## （三）研发与融资约束

MM 的经典理论主张在完全资本市场中，投融资相互无关。但在现实社会中，信息不对称、交易成本等现象难以避免，因此受到融资行为、交易成本等相关影响，公司的投融资势必存在着一定联系。法扎里、哈伯德和彼德森（Fazzari、Hubbard and Petersen，1988）最先得到公司存在融资约束的结论。奥普勒等（Opler et al.，1999）发现公司现金持有水平随研发强度的增加而增加，而且在金融约束公司中更高。邦德（Bond，2003）指出公司一般不会投资风险较大的研发项目或是其他的无形资产。鲍德温（Baldwin，2002）认为公司研发投入强度与财务结构有着密不可分的关系，资产负债率越低，R&D 投入往往强度越高，它意味着公司的债务比例会约束研发投资活动。姜秀珍、全林、陈俊芳（2003）、魏锋和孔煜、李延喜等（2007）、王彦超（2009）实证证明了这一点。布朗和彼德森（Brown & Petersen，2011）为现金持有在融资约束公司中所起到的研发平滑作用提供了经验证据。杨兴全、曾义（2014）利用中国上市公司的数据发现了公司持有现金可以平滑研发投入，并且这一现象在融资约束公司中更显著。

由于研发行为不确定性高的特点，它很难明确融资双方的具体职责并通过契约明晰地体现，这一点使得研发所需资金更难获取。因此其融资约束问题表现得更加突出。斯彭斯（Spence，1979）指出，内源融资的多少决定了公司创新投资的比例。黄和许（Huang & Xu，1998）研究发现内部融资在会计软预算的约束框架下是最优筹资策略。赫尔（Hall，1992）、奥地利和彼德森（Himmelberg & Petersen，1994）、哈霍夫（Harhoff，1997）比较研究后得出，在德国和美国，高新技术公司 R&D 投入与内源融资正相关。希亚姆和梅耶斯（Shyam & Myers，1999）对公司从事研发活动的融资进行了优先次序排列，他们认为公司将遵从内部融资、单纯债务、优先股股票、混合证券及单纯权益证券的顺序进行融资。马尔凯等（Mulkay et al.，2000）对法国的高新技术公司的研究也印证了这一点。唐清泉、徐欣（2010）指出，由于 R&D 投资具有特殊性，公司与外界存在严重的信息不对称，公司受到强烈的融资约束，只能放弃债务融资转而投向内部资金。所以，内源融资自然成为公司开展研发活动，进行创新融资的主要资金来源。

## （四）研发与资本成本

闫楷文（2014）的研究发现，在控制了研发风险的条件下，无论是股权资本成本还是债权资本成本均与公司研发投入存在显著的负相关关系。柯东昌（2014）应用我国上市公司 2007～2011 年的数据证明，股权成本和债权成本越低，越能够促进公司研发投入规模的增长。多项研究的发现显示，研发活动受到了公司资本成本的影响，两者存在负相关关系。

## （五）研发与公司治理

在薪酬制定方面，詹森和梅克林（Jensen & Meckling，1976）的实证结果为，现代管理的两权分离制度下，所有者对于经营者的公司股权激励使得经营者更为重视公司研发活动，增大研发投入，从而促进公司更好地循环与发展。比齐亚克等人（Bizjak et al.，1993）发现，公司的研发投资与公司高管的总薪酬或者现金薪酬都是呈负相关关系的。科内塞和泰莱科特（Conese & Tylecot，1999）的研究发现，经营者创新与否以及投入多少的决策深受公司治理变量（大股东、公司股权结构、董事会结构、资本结构等）的影响。以上述研究为基础，我国的冯根福、温军（2008）研究发现股权集中度与公司技术创新的关系呈现"倒 U 型"，股权结构只有维持在相适区间内才能更助于公司技术的创新，当 45% 上下的股权由前五大股东掌握时，公司的 R&D 支出最多，公司的技术创新能力最强；赵洪江等（2008）也认为公司股权集中度对公司创新投入具有正向作用。同时，是否为国有控股亦对 R&D 投入有影响。任海云（2010）也认为国有控股不利于 R&D 投入。

除股权结构对 R&D 投入影响外，部分学者就董事会对公司 R&D 投入的影响进行研究。法玛（Fama，1994）发现，基于任期及自利的考虑，公司高管倾向于投资回收期短、回报率可靠的项目，而不愿投资技术创新，因为研发资源投入具有投入大、周期长、不确定性高的特点。在委托代理理论框架下，管理者出于逃避责任及风险厌恶偏好等原因具有了如上特征，但这些倾向与股东利益发生了冲突，因为股东更重视公司的长远发展。耶尔（Yeh，2008）研究发现，董事会规模比较小且独立性比较强的公司的 R&D 支出具有更强的市场反应；冉茂盛（2008）研究发现给予管理层股权激励会提高管理层选择的 R&D 投资量。

在此基础上，何强（2009）开创性地提出 R&D 投入与董事会素质正相关，董事会的素质越高，公司的研发投入就会越大，当董事会中 1/10～1/3 为执行董事时，或当董事长与总经理两权分离时，执行董事之间在研发相关决策及监督管理层执行研发活动的知识协同效应将随公司独立董事比例的增加而降低，独立董事越多研发投入越少；若董事长或第二大董事从事过研发、设计或营销，他们就会立足长远，其越年轻越增加公司研发投入；而当董事长与总经理两权分离时，R&D 投入会降低。继何强之后，赵琳（2013）综合性地提出不同的控股股东类型下，董事会规模、董事会持股比例、董事会开会次数等因素对公司研发投入的影响不同，但独立董事占比始终与研发投入呈正相关关系。

刘新民等（2014）对 2009～2011 年创业板上市公司样本数据进行研究，探讨了 IPO 上市后，创业公司的董事会结构对公司研发资源投入是否有影响。结果显示，两者呈正相关关系，创始高管团队持股比例及股权分散程度与公司研发资源投入的关系亦是如此。进一步发现创始高管团队持股比例与股权分散程度的交互作用对公司 R&D 投入有增益，而对创始高管团队对董事会的控制程度、持股比例与股权分散度三者的交互分析发现，对董事会的控制程度与股权分散度互补，与其持股比例之间存在替代作用。

## （六） 研发与管理者特征

对于研发与管理者特征的研究是近年来研发绩效评价领域研究的热点。已有的研究主要将管理者的特征分为管理者年龄（任期）、学历背景、自信水平和性别。

有研究显示，管理者年龄对公司研发绩效有较大影响。巴克和穆勒（Barker & Mueller，2002）提出，年龄更大的管理者倾向于制定稳健的财务决策，而研发活动本身的风险较大，因此年龄较大的管理者投资研发活动的热情会降低。维塞玛和班特尔（Wiersema & Bantel，1992）认为，更加年轻的管理层对新事物的接纳度更高，更能适应不断变化的市场环境，且更加愿意承担风险，从而对于公司研发投入的支持力度更大。同时，德克肖和斯隆（Dechow & Sloan，1991）也验证了公司研发水平与经理人的年龄具有负相关关系，并且经理人的任期越接近结束，投资研发活动的热情越低。进一步的研究显示公司研发活动水平与高管的任期显著正相关。布希（Bushee，1998）发现，公司高管在任期结束前几年，倾向于投资更多可以较快产生回报的项目，而回避投资研发项目，后者的投资回收期一般认为较长。相反，年轻的经理人更加偏好风险较高的长期研发项目。刘运国和刘雯（2007）探讨了 CEO 任期长短与公司研发投入高低的相关关系，结果显示两者具有显著的正相关关系。陈守明等（2011）则发现公司的研发投入与高管年龄存在"倒 U 型"关系，45 岁为高管年龄与公司研发投入相关关系的门槛值。低于 45 岁的高管，其年龄与研发投入显著正相关；年龄高于 45 岁的高管年龄则与公司的研发投入强度显著负相关。

有关于管理者学历背景的研究一般均认为，高管的学历高低与公司创新活动的水平强弱具有正向相关关系。汉布里克和梅逊（Hambrick & Mason，1984）验证了公司高管学历背景与公司研发投入呈正向关系。巴克和穆勒（Barker & Mueller，2002）也发现 CEO 学历背景的差异对公司创新活动产生了影响。其中，以法律、财会类为主要学历背景的 CEO 倾向于降低公司的研发投入，而拥有相关专业背景的 CEO 则会促进公司研发投入水平。陈守明等（2011）以本科学历为界，发现本科学历以下的管理者对公司研发投入水平无明显影响；而本科以上学历的管理者会增强公司的研发投入水平。

管理者自信也是目前较为有趣的一个研究领域。加拉索和辛科（Galasso & Simcoe，2011）通过面板数据分析表明，管理者过度自信会促进公司的研发投入，这一效应在竞争水平较高的行业更加明显。赫什莱弗洛温和泰（Hirshleifer、Low & Teoh，2012）也发现过度自信的 CEO 与公司研发投入水平显著正相关。孔玉生等（2012）利用中国中小规模上市公司作为样本，检验了上市公司 CEO 自信水平对研发投入的影响。结果显示 CEO 过度自信与研发投入水平显著正相关。王宗军等（2013）以沪深两市非金融行业上市公司为样本，也发现了 CEO 过度自信与公司研发投入水平的正向关系，但这种关系仅对高新技术公司和国有公司产生作用，在其他样本中则表现得并不明显。

此外，管理者性别特征对公司研发投入的影响也引起了广泛关注（麦肯锡，2007；亚当斯和费雷拉，2009；卡特等，2010），其中很多研究利用公司董事会中女性比例这一指标，衡量公司对于多样化文化的重视程度。这些研究认为，不同性别的董事组成有助于增加成员性格互补性，提升公司的多样化程度。根据研究显示，即使在全球范围来看，女性董事的比例仍然很小（凯特斯特，2007）。Catasyt 以 500 强公司为研究对象，计算了样本公司的女性董事比重。结果显示这一比例仅为 14.8%。其中，挪威公司的比值最高，为 39.5%；美国公司的比值为 15.7%；英国则为 12.5%，加拿大为 10.3%，澳大利亚为 8.4%，日本为 0.9%。对于女性董事的占比问题，部分国家正在致力于提升女性董事的比重和话语权。英国贸易和工业部发布研究报告（希格斯，2003），特别声明了支持公司增加女董事比重。挪威政府出台法案，强制挪威的上市公司从 2008 年开始，务必将女性董事的比重提高到40%以上。[①] 西班牙也开始效仿这一管理方法，通过立法约束国内上市公司在 2015 年前，将女董事比例提高到40%水平。以上做法的理论依据在于，性别差异可以减少同类人群所产生的信息偏差，通过性别互补提高治理效率和公司绩效。麦肯锡（McKinsey，2007）以 86 家欧洲上市公司为样本，检验了女性高管比例对公司绩效的影响。结果显示这一比例高的公司绩效显著更高（资产收益率为 11.4%，而平均值为 10.3%；股票增长率为 64%，而平均值为 47%）。Carter 等（2010）也采用 500 强公司为研究对象，以 ROA 代表公司价值，发现女董事占比排名前四分之一的公司与排名后四分之一的公司相比，ROA 平均高出近 50%。

## （七）研发与生命周期

凤进、韦小柯（2003）利用了公司生命周期理论，分别观察了处于不同生命周期的公司，其研发能力和水平的高低。根据他们的研究，成长期阶段的公司创新能力最强，成熟期公司创新能力有所下滑，当公司步入衰退期时，公司内部抵制变革的力量更大，创新水平较其他阶段的公司更低。

陈等（Chen et al.，2008）的研究表明，处于不同生命周期的公司研发活动与公司价值之间具有不同的影响效果。市场一般会高估处于成长期和成熟期的公司创新价值，这是因为处于这一阶段的公司面临的市场前景更好，研发形成的技术稀缺性更强。与此相对应的是，市场会低估处于衰退期的公司创新价值，这反映了市场对于这类公司前景的担忧与新产品更新换代的风险考虑。

文芳（2009）以公司生命周期的视角出发，研究了公司生命周期对于研发强度的影响。研究发现，处于不同生命周期的公司其研发投入强度也有显著差异。处于创业期和成长期的公司，研发投入水平显著高于成熟期的公

---

① 这一法案从 2006 年开始实施，上市公司给予 2 年时间来达到 40% 这一要求。到 2008 年，93% 的上市公司已经达到要求。

司，而公司一旦进入衰退期，则研发强度水平会出现较大幅度的下滑。

关勇军、洪开荣（2012）发现研发投资与研发投资技术绩效在公司生命周期3个阶段均为正相关关系，成熟期更显著；研发投资与研发投资财务绩效在成熟期是正相关关系，在衰退期是负相关关系；研发投资技术绩效与研发投资财务绩效以及研发投资技术绩效与研发投资价值绩效在公司生命周期3个阶段均为正相关关系，衰退期表现最弱；研发投资财务绩效和研发投资价值绩效在成长期和成熟期为正相关关系，在衰退期却没有显著相关关系。

陈宇科、邹艳、杨洋等（2013）在研究公司合作研发的DJ模型基础上，引入有限的产品生命周期作为外生变量，发现公司的研发效果和利润函数均是产品生命周期的增函数。

## （八）研发与宏观经济

熊彼特在提出"创造性的破坏"概念之后，创新活动的周期特征引起了国外学者极大关注。舒姆（Schumpeter，1934）在其研究中指出，创新活动集中在紧缩期，因为此时边际机会成本最低。后续的研究基于机会成本假说从研发活动、劳动力搜寻匹配、技术进步和人力资本积累等角度对此进行了进一步论证（瓦尔德，2002；弗朗索瓦和劳埃德—埃利斯，2003；巴列维和茨登，2006等）。其中，瓦尔德（Walde，2002）假设资本积累和研发活动边际产出的相对变化导致资源在两种活动间流动，并得出研发经费支出逆周期变化的结论。劳埃德和埃利斯（Francois & Lloyd–Ellis，2003）在新技术应用周期中将研发活动内生化，发现公司在紧缩期投入研发，在扩张期应用新技术。

与机会成本假说相反，大量基于发达国家宏观与产业层面数据的实证研究均表明研发活动顺周期变化（拉夫，2003；瓦尔德和沃特克，2004；屈阳，2011）。面对经验证据和机会成本假说的冲突，经济学家们从现金流变化、金融发展与融资约束等视角进行解释，他们认为，研发活动因不确定性与信息不对称问题较易受到外部融资约束，而倾向于内部融资，顺周期变化的内外部融资约束使研发活动在扩张期更容易获得融资，研发活动顺周期变化。程惠芳等（2015）使用26个发达国家与16个发展中国家的面板数据研究经济周期各阶段与长期经济增长对研发强度的影响及其机理，发现发达国家研发强度呈增长型周期特征，而发展中国家研发强度呈逆周期特征；长期经济增长对发达国家研发强度有负向影响，而对发展中国家研发强度有显著正向影响。此外，研发投入水平不同的国家，研发强度周期特征也存在显著差异。与其他发展中国家相同，我国研发强度逆周期变化，然而经济扩张对我国研发强度的负向影响力度更大，导致的直接后果是持续的经济波动对研发强度具有更大负效应。

## （九）研发与知识产权保护

艾若（Arrow，1962）最早进行了关于知识产权保护政策对研发活动的作用相关的理论研究，研究结果表明，虽然根据福利学的理论公众应该免费获得这些信息，但对这些信息的免费获取会导致参与创新的个体成本很难获得相应的经济补偿，进而造成创新者投资减少，新知识的研究匮乏。对知识产权的保护给了创新者一个相对时间内的保护期，在保护期内公司形成的无形资产的经济利益受到保护，由公司单独占有。这一研究引起学术界关于知识产权保护对技术革新、技术传播、社会福利和经济增长更为深刻的探索。诺德豪斯（Nordhaus，1969）探索了专利保护情况下公司最优的 R&D 投入，他的理论模型主张专利保护越强，R&D 投入应越多。20 世纪 80 年代后期，专家和学者们开始研究在发展中国家和发达国家不同的贸易框架下知识产权保护对创新的驱动和对社会福利的影响，然而学术界对这个问题的答案却各执一词。赖（Lai，1998）的研究结论是，在较强的知识产权保护水平中，全球创新水平可能随着高技术水平国家的跨国公司将生产部门迁至知识产权保护水平较低的国家而实现整体提高；但海普曼（Helpman，1992）、温和格罗斯曼（Chin & Grossman，1988）的研究都认为严格的知识产权保护会降低南方国家的创新，抑制南方国家创新投入和技术发展。

知识产权保护的研发投入效应方面理论研究虽多，但对知识产权保护的实证研究则相对较少，其中一个很重要的原因就是知识产权保护水平的定量表示较难进行。因为知识产权保护制度与很多影响因素（立法、司法、执行、管理、运作）密切相关，因此为实际定量增加了难度。RR 指数提出后，理论界开始尝试进行知识产权保护与创新关系的实证检验。吉纳特和帕克（Ginarte & Park，1997）在 RR 指数的基础上对原有模型进行了改进，提出了 GP 模型以度量国家或地区的知识产权保护水平。该项研究指出，专利生产强度和公司的一般性投资和 R&D 投资均有较强的正相关关系。帕克（Park，2005）以 1980～1995 年 41 个国家的数据为依托，再次利用 GP 指数研究得到结论，加强知识产权保护力度能够促进全球的技术革新。

我国的经济学家们从 2000 年始对知识产权保护制度进行规范研究，直至近几年相关研究方使大量涌现，研究主要聚焦在三个大类上。第一类是理论研究，探索是否存在最优专利宽度（或期限）和最佳专利制度。现有研究虽然采用了各种不同的研究方法，但基本上只是从社会福利的层面上论证了有限专利宽度的存在合理性。郭春野 & 庄子银（2012）延续了这一基本思路，从理论上探讨了知识产权保护水平的高低对发达国家和发展中国家创新强度和社会福利的效用。方颖 & 赵扬（2011）从规范研究和实证研究两个方面研究了知识产权保护对经济增长的影响。地方政府和地方法院虽然遵守相同的法律规定，但又存在地域差异，遵从相应的地方行政规章，因此不同地区在知识产权保护的执行中和实施上难免有所不同。同时，不同的行业中公司研发收入对知识产权保护的敏感程度未必相同。

现有实证文献较少讨论我国知识产权保护与公司研发投入的关系。林等人（Lin et al.，2010）利用中国 18 个城市 2000 余家公司为样本，论证了知识产权保护水平强弱对公司研发投入的影响效果。根据他的实证结果，知识产权保护水平与公司研发投入强度显著正相关。蔡地（2012）等以中国 120 个城市 6826 家民营公司为样本，得到了显著积极影响的结论，即对于民营公司，知识产权保护水平在地区层面上的提升能够增强我国民营公司参加研发活动的热情，加大研发投入强度。宗庆庆等（2015）构建了省际层面知识产权保护强度指数，研究了知识产权保护制度的制定和执行对工业公司研发投入的影响。知识产权保护程度的提高对我国全样本工业公司的研发投入具有显著正效应，能够推动公司研发活动的开展，但其影响程度在市场结构不同的行业表现迥异。在垄断程度较高的行业中，两者呈倒"U"型关系，知识产权保护程度过高时反而会抑制公司研发积极性，削弱研发动机；在竞争性行业中，知识产权保护则显著地提高了公司研发激励。

# 本 篇 小 结

研发投入是公司面临的重大战略问题，因而也引起了学术界的广泛讨论，但已有的研究表明还可在如下方面做进一步的改进和提高：

首先，已有的研究尚未提出过公司研发指数概念，且对于公司研发绩效的研究大多侧重于某一个角度进行研究，缺乏对于研发投入行为产生机制、影响因素及经济后果系统的分析和梳理，不利于对于公司研发行为进行全面、合理的评价，因此有必要对于公司研发行为目前的研究成果进行梳理和总结，形成一套系统、完整的公司研发投入理论体系。

其次，目前有关于无形资产指数与创意指数的研究，说明对于研发行为进行指数反映的研究目前已经具备了一定基础，也表明本书的研究是有意义且有参照的。同时，针对相关研究遇到的困难，如苑泽明等（2012）的研究主要研究了无形资产指数理论模型的构建问题，但文章也提出还需要对指数的具体操作进行进一步的实证研究；梁笑等（2013）的研究提出了四项指标计算无形资产指数，指标选择较少，且并未说明四项指标的权重分配依据；弗罗里达（Florida，2002）提出的创意指数是一项宏观指标，借助于统计数据，这与本项研究基于会计数据的出发点是不同的，在不同统计口径下构建的指标可以起到相互借鉴的作用。

同时，上述与公司创新相关的指数构建仅仅列举了若干需要在指数构建中考虑的方面，但是没有进一步探讨各个方面之间的关系以及创新与研发活动创造价值的机制。因此各个方面是否可以囊括地反映研发创新的全部内容，这仍是一个值得思考的问题。对于以上研究的困难，本研究还可进行进一步的突破和攻关。

下一篇将开始探讨研发指数构建的制度、方法和数据基础，并力求在此基础上，探讨研发指数的相关理论和设计方法。

第二篇

# 研发指数构建的基础条件

# 第三章

# 研发指数构建的制度基础

本书研究的公司研发指数是基于会计披露的公司研发信息，并以此为基础结合公司报表附注中提供的其他信息综合形成的"会计"意义上的研发指数，与通常所理解的宏观统计意义上的研发指数有所不同。因此，会计信息披露原则和披露质量是本书公司研发指数质量的基础。会计对于公司研发的核算方法如下文引用《企业会计准则讲解》中的内容所示。

## 一、会计准则与研发信息披露

### （一）研究阶段和开发阶段的划分

我国会计准则将公司自行开展的研发活动区分为"研究阶段"和"开发阶段"，两个阶段的会计核算方法和信息披露方式有很大不同。研发指数以公司的会计信息为基础，明确两者制度划分的特点，才能更加科学、准确地采集所需数据。

其中，研究阶段的含义为：为获取新的技术和知识等进行的有计划的调查，研究活动的例子包括：意于获取知识而进行的活动；研究成果或其他知识的应用研究、评价和最终选择；材料、设备、产品、工序、系统或服务替代品的研究；新的或经改进的材料、设备、产品、工序、系统或服务的可能替代品的配制、设计、评价和最终选择。

开发阶段的含义为：在进行商业性生产或使用前，将研究成果或其他知识应用于某项计划或设计，以生产出新的或具有实质性改进的材料、装置、产品等。开发活动的例子包括：生产前或使用前的原型和模型的设计、建造和测试；含新技术的工具、夹具、模具和冲模的设计；不具有商业性生产经济规模的试生产设施的设计、建造和运营；新的或改造的材料、设备、产品、工序、系统或服务所选定的替代品的设计、建造和测试等。

两个阶段的划分，表明了不同的研发阶段具有不同的研发特点，因此在会计上也会采用资本化与费用化两种不同的会计信息处理方法。

研究阶段的特点在于：第一，计划性。研究阶段是建立在有计划的调查基础上，即研发项目已经董事会或者相关管理层的批准，并着手收集相关资料、进行市场调查等。例如，某药品公司为研究开发某药品，经董事会或者相关管理层的批准，有计划地收集相关资料、进行市场调查、比较市场相关药品的药性、效用等活动。第二，探索性。研究阶段基本上是探索性的，为进一步的开发活动进行资料及相关方面的准备，这一阶段不会形成阶段性成果。从研究活动的特点看，其研究是否能在未来形成成果，即通过开发后是否会形成无形资产均有很大的不确定性，公司也无法证明其研究活动一定能够形成带来未来经济利益的无形资产，因此，研究阶段的有关支出在发生时应当费用化，计入当期损益。

开发阶段的特点在于：第一，具有针对性。开发阶段是建立在研究阶段基础上，因而，对项目的开发具有针对性。第二，形成成果的可能性较大。进入开发阶段的研发项目往往形成成果的可能性较大。由于开发阶段相对于研究阶段更进一步，且很大程度上形成一项新产品或新技术的基本条件已经具备，此时如果公司能够证明满足无形资产的定义及相关确认条件，所发生的开发支出可资本化，确认为无形资产的成本。

## (二) 开发阶段有关支出资本化的条件

在开发阶段，将有关支出资本化确认为无形资产，必须同时满足下列条件：

第一，完成该无形资产以使其能够使用或出售在技术上具有可行性。判断无形资产的开发在技术上是否具有可行性，应当以目前阶段的成果为基础，并提供相关证据和材料，证明公司进行开发所需的技术条件等已经具备，不存在技术上的障碍或其他不确定性。比如，公司已经完成了全部计划、设计和测试活动，这些活动是使资产能够达到设计规划书中的功能、特征和技术所必需的活动或经过专家鉴定等。

第二，具有完成该无形资产并使用或出售的意图。开发某项产品或专利技术产品等，通常是根据管理当局决定该项研发活动的目的或者意图加以确定，也就是说，研发项目形成成果以后，是为出售还是为自己使用并从使用中获得经济利益，应当依管理当局的决定为依据。因此，公司的管理当局应当明确表明其持有拟开发无形资产的目的，并具有完成该项无形资产开发并使其能够使用或出售的可能性。

第三，无形资产产生经济利益的方式，包括能够证明运用该无形资产生产的产品。开发支出资本化作为无形资产确认，其基本条件是能够为公司带来未来经济利益。如果有关的无形资产在形成以后，主要是用于形成新产品或新工艺的，公司应对运用该无形资产生产的产品市场情况进行估计，应能够证明所生产的产品存在市场，能够带来经济利益的流入；如果有关的无形资产开发以后主要是用于对外出售的，则公司应能够证明市场上存在对该类无形资产的需求，开发以后存在外在的市场可以出售并带来经济利益的流入；如果无形资产开发以后不是用于生产产品，也不是用于对外出售，而是在公司内部使用的，则公司应能够证明在公司内部使用时对公司的有用性。

第四，有足够的技术、财务资源和其他资源支持，以完成该无形资产的开发，并有能力使用或出售该无形资产。这一条件主要包括：（1）为完成该项无形资产开发具有技术上的可靠性。开发的无形资产并使其形成成果在技术上的可靠性是继续开发活动的关键。因此，必须有确凿证据证明公司继续开发该项无形资产有足够的技术支持和技术能力。（2）财务资源和其他资源支持。财务和其他资源支持是能够完成该项无形资产开发的经济基础，因此，公司必须能够说明为完成该项无形资产的开发所需的财务和其他资源，是否能够足以支持完成该项无形资产的开发。（3）能够证明公司获取在开发过程中所需的技术、财务和其他资源，以及公司获得这些资源的相关计划等。如在公司自有资金不足以提供支持的情况下，是否存在外部其他方面的资金支持，如银行等借款机构愿意为该无形资产的开发提供所需资金的声明等。（4）有能力使用或出售该无形资产以取得收益。

第五，归属于该无形资产开发阶段的支出能够可靠计量。公司对于研究开发活动发生的支出应单独核算，如发生的研究开发人员的工资、材料费等，在公司同时从事多项研究开发活动的情况下，所发生的支出同时用于支持多项研究开发活动的，应按照一定的标准在各项研究开发活动之间进行分配，无法明确分配的，应予费用化计入当期损益，不计入开发活动的成本。

由会计准则的相关规定可知，研发投入的资本化条件要求较为严格，经过审计的会计信息可靠性较强，这也是与一般统计信息不同的重要特点。

## （三）内部开发的无形资产的计量

内部开发活动形成的无形资产，其成本由可直接归属于该资产的创造、生产并使该资产能够以管理层预定的方式运作的所有必要支出组成。可直接归属于该资产的成本包括开发该无形资产时耗费的材料、劳务成本、注册费、在开发该无形资产过程中使用的其他专利权和特许权的摊销、按照《公司会计准则第 17 号——借款费用》的规定资本化的利息支出，以及为使该无形资产达到预定用途前所发生的其他费用。

在开发无形资产过程中发生的除上述可直接归属于无形资产开发活动的其他销售费用、管理费用等间接费用，无形资产达到预定用途前发生的可辨认的无效和初始运作损失，为运行该无形资产发生的培训支出等不构成无形资产的开发成本。

值得强调的是，内部开发无形资产的成本仅包括在满足资本化条件的时点至无形资产达到预定用途前发生的支出总和，对于同一项无形资产在开发过程中达到资本化条件之前已经费用化计入损益的支出不再进行调整。

### （四）内部研究开发费用的账务处理

无形资产准则规定，公司研究阶段的支出全部费用化，计入当期损益（管理费用）；开发阶段的支出符合条件的才能资本化，不符合资本化条件的计入当期损益（管理费用）。只有同时满足无形资产准则第九条规定的各项条件的，才能确认为无形资产，否则计入当期损益。如果确实无法区分研究阶段的支出和开发阶段的支出，应将其所发生的研发支出全部费用化，计入当期损益。

公司自行开发无形资产发生的研发支出，未满足资本化条件的，借记"研发支出——费用化支出"科目，满足资本化条件的，借记"研发支出——资本化支出"科目，贷记"原材料""银行存款""应付职工薪酬"等科目。

公司购买正在进行中的研究开发项目，应按确定的金额，借记"研发支出——资本化支出"科目，贷记"银行存款"等科目。以后发生的研发支出，应当比照"公司自行开发无形资产发生的研发支出"的规定进行处理。

研究开发项目达到预定用途形成无形资产的，应按"研发支出——资本化支出"科目的余额，借记"无形资产"科目，贷记"研发支出——资本化支出"科目。

根据会计准则的相关规定，公司研发投入的总额信息可以由当期"管理费用"下的"研发费用"科目当期发生额与"研发支出"下的"资本化支出"借方发生额之和计算。其中，前者为公司当期费用化的研发投入，后者为公司当期资本化的研发投入。

## 二、税法与公司研发行为

世界各国普遍采取定制税收优惠政策的方式促进企业 R&D 投入，包括采取税收减免、财政补贴等方式以降低企业的研发风险，从而提升企业研发积极性，增加研发投入。美国政府即出台了《S 项修改法案》，规定技术密集型企业有三分之一的税收减免。在1981年通过的《经济复兴税法》中规定，研究开发投资税由原来的49%降低至25%，进而在1986年的修正中降低至20%，这一举动有效地激励了企业的风险投资活动，促进了高新技术企业的风险投资活动。英国1983年出台了《企业扩展计划》，规定中小企业享受60%投资税减免，而新成立的小企业享受100%税收减免，以促进中小企业的技术研发。公司税在同年减少了8%，由38%降低为30%，印花税更是由20%降低至1%。英国政府将税收起征点由2.5万英镑提高到3万英镑，同时取消了投资收入附加税。日本1985年出台的《促进基础技术开发税制》规定，购买用于基础技术研发的资产，税金减免7%。巴西政府规定，如果企业的科技投入超过净利润的5%，企业当年免征产品税，其所欠80%税款可用于企业的研发活动。中国台湾的科学工业园设置管理条例规定，在科学工业园内的企业免征进口税、货物税、营业税和土地税，且五年内免征盈利事业所得税，外销产品的收入不纳税。

中国对高新技术企业有较为详细的税收政策，高新技术企业经过认定后所得税税率降低为15%。同时新成立的企业两年内免征所得税，之后三年免征企业所得税的同时减免进出口关税等其他税种。同时，研发费用加计扣除政策也是一项重要的鼓励企业增大研发投入的政策。按照税法规定，研发费用加计扣除是指在开发新技术、新产品、新工艺发生的研究开发费用的实际发生额基础上，再加成一定比例，作为计算应纳税所得额时的扣除数额。例如，税法规定研发费用可实行175%加计扣除政策，如果企业当年开发新产品研发费用实际支出为100元，就可按175元（即100×175%）在税前进行扣除，以鼓励企业加大研发投入。2017年5月，为进一步鼓励科技型中小企业加大研发费用投入，根据国务院常务会议决定，财政部、国家税务总局、科技部联合印发了《关于提高科技型中小企业研究开发费用税前加计扣除比例的通知》（财税〔2017〕34号），将科技型中小企业享受研发费用加计扣除比例由50%提高到75%。国家税务总局同时下发了《关于提高科技型中小企业研究开发费用税前加计扣除比例有关问题的公告》（国家税务总局公告2017年第18号），进一步明确政策执行口径，保证优惠政策的贯彻实施。三部门还印发了《科技型中小企业评价办法》，明确了科技型中小企业评价标准和程序。

# 三、知识产权法对公司研发的影响

我国知识产权保护的相关制度基础，主要影响了本书对研发成果指标的区分与选择。如：根据我国专利法的相关规定，三类专利（发明类专利、实用新型专利、外观设计专利①）中，发明类专利的科技含量最高，评审周期和未来价值收益期与其他两类专利有很大的不同。因此在指标选取上，必须将公司不同类型的专利加以区分。

依专利类型不同，相应的保护期限也会有所差异。根据我国专利法的相关规定，发明类专利的保护期限是 20 年，实用新型和外观设计类专利的保护期限是 10 年。而专利一旦获准申请，则需逐年缴纳专利年费。如不缴纳年费，则专利失效。而根据中华人民共和国国家知识产权局的相关研究，2014 年我国公司发明类专利的平均经济寿命约为 6.4 年，外国在华的发明类专利平均经济寿命为 9.4 年；我国公司实用新型专利的平均经济寿命约为 3.2 年，外国在华的实用新型专利平均经济寿命为 3.7 年；我国公司外观设计专利的平均经济寿命约为 2.9 年，外国在华的外观设计专利平均经济寿命为 4.9 年。②

从三类专利的平均维持年限来看，可以发现发明类专利的维持年限明显高于其他两类专利，但三类专利的维持年限与法律规定的保护期限相比则明显较短，且外国在华专利的维持年限高于国内水平。根据专利法的制度规定可知，专利的维护需要承担相应的维护成本，当专利带来的收益无法弥补成本时，公司缺乏动力对专利进行进一步的维护。因此，我国公司的专利维护年限低于国外水平，一定程度上反映了我国专利科技含量和公司的专利经营能力偏弱的情况。同时，根据制度设置的特点，可以认为专利维持年限能够反映公司创新研发成果的质量高低。

---

① 分类标准依据《中华人民共和国专利法实施细则》（2010 年修订）的相关定义。
② 数据来源：《2014 年中国有效专利年度报告》，中华人民共和国国家知识产权局出版。

# 四、国家相关支持政策

## （一）立法保护研发成果

近年来，发达国家和发展中国家都通过法律、法规等制度规范促进企业R&D投入水平的提高（毕颖，2000），如日本出台的《高技术工业智密区开发促进法》《技术城法》，韩国出台的《高技术工业开发促进法案》等。完全市场化的发达工业国家如美国、英国等，也有类似法规，如美国的《1976年美国国家科学技术政策、机构和优先目标法》《1986年联邦技术转移法》《小企业创新研究法》；法国《风险投资共同基金》《风险投资公司》《新兴企业财政优惠》在内的诸多促进企业加强科研和创新的法律法规。各国还出台了保护专利、保护环境、转移技术、引进外资等方向的大量法案。

我国也将鼓励企业创新视为国家创新战略的重要一环，自主创新法治氛围的营建、产学研相结合、企业成为创新主体、知识产权、风险投资、人才激励机制、其他激励扶持机制以及高新科技园区发展的立法保障等方面都应进一步加强，特别应该出台相应的对于资金、税收、进出口、原材料供应等方面的激励政策。为进一步增强企业研发投入的法律保障，我国自1982年以来相继颁布了商标法、著作权法、专利法等法律法规。

## （二）财政投入支持

国际上，政府通过财政投入支持企业R&D投入水平的提升。而政府将约60%~70%的财政支持投入到建设基础设施中来。日本耗费13000亿日元建筑波科学城，建设时间长达20年之久。西班牙卡贾图科学城的建设耗费100亿。自由市场经济国家，如美国，一般不直接投资基础设施，转而通过政府采购等投资改善企业发展的大环境，进而影响企业R&D的投入。

　　我国政府对企业 R&D 投入的财政支持主要分为财政直接投入和政府采购两种方式。财政直接投入可以采取设立专项资金的形式（通过拨款补助、创业投资基金等方式进行直接投资，同时根据战略性新兴产业的国际发展态势和国内发展态势的变化进行相应调整）。专项资金的投入促进高新技术的消化、吸收和再创新，进而促进核心设备研制和产业的关键共性技术的研发；实施促进自主创新的政府采购，政府对国内企业开发的具有自主知识产权的重大创新产品和技术，实施政府采购首购订购政策。

# 第四章

# 研发指数构建的数据基础

公司财务报告是研发指数最重要的数据来源。本章重点探讨了基于公司财务报告这一重要数据平台下，公司研发数据的类型、披露动机与价值相关性，从而尝试论证以公司财务报告数据为研发指数数据基础的充分性与合理性。

为实现上述研究目的，本章以 A 股上市公司 2007~2017 年的数据为样本，分析了上市公司披露研发信息的主要动机。结果显示："反映重要事项"是上市公司选择是否披露研发信息最重要的动机，且在此动机下上市公司对定性与定量两种披露方式的选择较为均衡；"满足监管需要"也是上市公司披露研发信息的重要动机，当公司出于"满足监管需要"动机时，定量类研发信息的披露得到了显著增强；"应对高关注度"和"彰显竞争优势"两类动机并非上市公司披露研发信息时主要考虑的因素；"降低融资成本"和"进行盈余操纵"并不是上市公司披露研发投入信息的动机。这说明，公司财务报告披露研发信息的主要动机是反映事实、应对监管，而非出于融资需求或盈余管理。动机成因与预期披露目标一致，可见财务报告披露的研发信息是值得信任的。

同时，本章也发现：公司披露的研发信息存在价值相关性；随着证监会监管力度的加强，公司研发信息的价值相关性由负相关变为正相关，且高新技术公司研发信息披露水平具有更大的价值增量贡献；公司研发信息的价值含量约 65%~70% 是由定量类研发信息所提供的。这一发现也支持了本报告可以采用财务报告作为研发指数数据基础平台。

# 一、公司财务报告中的研发数据

## （一）上市公司研发信息披露情况的测度

对于研发信息披露的测度方法，国内外学者均进行了一定的前期研究。加里（Gary，1999）提出将公司的研发信息分为研发战略、研发投入、资金来源、研发产出、未来投入和会计与财务信息等六大类；丹尼斯（Denise，2007）则提出公司研发信息应包含研发战略和计划、研发项目的进度以及研发支出情况等三方面。中国研发信息披露受制度和样本的制约起步较晚，薛云奎、王志台（2001）最早采用研发支出的信息披露代表公司研发信息披露水平；王宇峰等（2009）提出以研发费用、研发人员、研发基础设施等10项标准度量公司研发信息披露水平，并采用了文字提取这一研究研发信息披露的方法；韩鹏等（2012）提出了15项研发信息披露水平的度量指标，并且将研发信息划分为定性类信息和定量类信息两种类别。

本章在上述研究成果的基础上，提出了本章度量研发信息质量的12项指标。同时，本章尝试突破以往研究主要集中于小样本的局限，采用VBA编程语言编写爬虫程序，对2007～2016年A股全部上市公司的年报进行了关键词搜索。具体的搜索方法以及对应的指标在表4-1中进行了列示。

表4-1　　　　　　　　　研发信息披露内容及检索方法

| 披露性质 | 披露内容 | 检索方法 | 披露总量 | 披露率（%） |
|---|---|---|---|---|
| 定性披露内容 | 研发战略 | 关键词"研发"and"战略"联合搜索 | 1530 | 12.31 |
| | 研发项目、目标描述 | 关键词"研发项目"or"科研项目"or"研发进度"or"科研进度"or"研发目标"，之后手动筛除带有"研发项目补贴"or"科研项目补贴"，且披露内容笼统、未涉及项目细节描述的样本 | 3127 | 25.16 |

| 披露性质 | 披露内容 | 检索方法 | 披露总量 | 披露率（%） |
|---|---|---|---|---|
| 定性披露内容 | 研发机构 | 关键词"研发中心"or"科研中心"or"研究中心"，之后手动筛除关键词"曾任"、内容为介绍高管履历，且不涉及当前公司机构设置的内容 | 6696 | 53.88 |
| | 行业竞争 | 关键词"行业"and"技术"and"竞争" | 862 | 6.94 |
| | 研发风险 | 关键词"研发风险"or"技术风险" | 891 | 7.17 |
| | 开发阶段的划分 | 关键词"开发阶段"，并在搜索后的内容中排除没有"研究阶段"或"无形资产"的部分 | 9408 | 75.71 |
| 定量披露内容 | 技术人员 | 关键词"技术人员"，"科研人员"，"研发人员"并设定关键词后附数字 | 9954 | 80.10 |
| | 专利 | 关键词"专利"，并设定关键词后附数字 | 2362 | 19.01 |
| | 研发投入 | 关键词"研发投入"or"研发费用"，并设定关键词后附数字 | 4488 | 36.11 |
| | 研发费用资本化 | 在"研发投入"的搜索内容中搜索带有关键词"资本化"的样本 | 2567 | 20.66 |
| | 政府对研发的补贴 | 关键词"研发补贴"or"研发项目补贴"or"研发奖励"or"研发项目奖励"or"研发补助"or"研发项目补助" | 527 | 4.24 |
| | 研发对收入的贡献 | 关键词"研发收入"or"技术收入"or"科研收入"or"创新收入" | 58 | 0.47 |
| 样本总量 | | | 12427 | |

注："and"表示相邻两个关键词检索的逻辑关系为"且"，"or"表示相邻两个关键词检索的逻辑关系为"或"。

## （二）研发信息披露总体水平

本章选取了2007~2016年A股上市公司作为研究样本。在实证分析的过程中，本章为避免极端值的影响，对所有自变量（除哑变量外）进行了winsorize处理，将其小于1%分位及大于99%分位的变量取值分别等于1%

分位和99%分位的变量取值。本章的行业分类标准采用证监会2012年颁布的《上市公司行业分类指引》，选取行业分类等级为二级。

本章的数据来源主要为国泰安 CSMAR 数据库、WIND 数据库、台湾经济新报 TEJ 数据库以及上交所、深交所官方网站披露的公司年度报告。

根据统计，2007～2016年 A 股上市公司研发信息披露平均总得分为3.418分，与满分12分相比存在较大差距，说明上市公司的研发信息披露整体水平还有待提高；定性类研发信息的平均得分为1.812分，略高于定量类研发信息的1.606分，说明总体上看，上市公司定性类研发信息的披露程度要高于定量类研发信息的披露。

## （三）研发信息披露水平分年度、分行业、分地区统计

图4-1表现了样本公司2008～2016年间研发信息披露整体水平以及定性类和定量类研发信息各自的信息披露水平变动趋势。从图中可以看出：无论是研发信息披露的整体水平，还是定性与定量类研发信息的披露水平，在近9年间均出现了持续上涨的趋势；其中在2012年上市公司的研发信息总体披露水平和定量类信息的披露水平均有显著的上升。结合上文可知，证监会2012年对年报披露规范进行了重要修订，其中对研发信息披露的重视程度明显增强。图4-1也反映了2012年准则的修订对于公司信息披露确实起到了重要作用。

图4-2是对各类研发信息披露项目在2012年准则修订前后的平均得分进行的对比分析。由图可知：2012年之后各项目的信息披露得分均高于2012年前的得分，说明随着时间的推移上市公司整体信息披露水平稳步提升；"开发阶段的划分""技术人员"和"研发机构"是上市公司最常披露的项目；"研发投入"和"研发费用资本化"是2012年准则修订后变化最大的两类项目，说明准则的修订对于公司定量类的研发信息，尤其是研发投入总金额和资本化的研发费用的披露具有显著的促进作用。

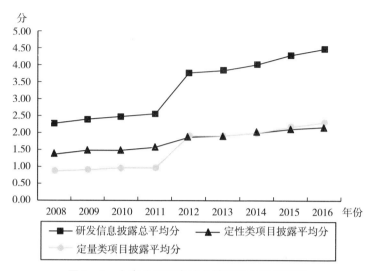

**图 4-1　上市公司研发信息披露评分逐年变化**

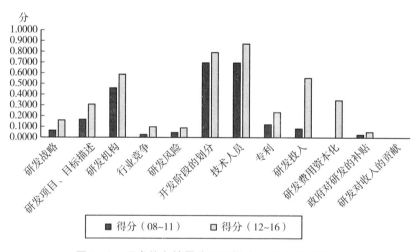

**图 4-2　研发信息披露分项目得分 2012 年前后对比**

　　表4-2则是将上市公司样本按照行业和注册地进行划分后,按照研发信息披露总分排序得到的前五名和末五名的情况。由表4-2披露的信息可知,高科技含量的制造业对于研发信息的披露最为重视,如专用设备制造业、医药制造业等;与之相对应的,对于研发参与度不高的物流行业、房地产行业、零售业等的研发信息披露水平都较低。这反映了行业技术含量的高

低与研发信息披露水平紧密相关。

地区研发信息披露水平的分布则可能与大多数人预期的结果不同，被誉为中国创新活动三大中心的津京冀、长三角和珠三角地区，除江苏和浙江排名进入前五外，北京、上海、广东等地均未进入研发信息披露水平前五名地区，反而贵州、河南、云南等地入选。这一结果一方面是由于贵州等地上市公司较少，而北京等地上市公司集中，大量上市公司拉低了整体水平；另一方面也与部分公司注册地并非公司主营业务所在范围有关，不能完全以注册地归属公司的所在地域。但是，无论如何，表4-2的统计结果也为北京等科技创新中心提出了警示：如果不加强本地区公司研发信息披露水平，则将落后于其他地区的进步速度。

表4-2　　2008~2016 年行业及地区研发信息披露水平前（后）五名

| 排名 | 行业 | 平均分 | 样本数 | 地区 | 平均分 | 样本数 |
|---|---|---|---|---|---|---|
| 前1名 | 专用设备制造业 | 5.29 | 416 | 贵州省 | 4.39 | 127 |
| 前2名 | 医药制造业 | 4.88 | 669 | 河南省 | 4.21 | 302 |
| 前3名 | 电气机械及器材制造业 | 4.86 | 499 | 浙江省 | 4.12 | 876 |
| 前4名 | 通用设备制造业 | 4.66 | 288 | 江苏省 | 3.97 | 894 |
| 前5名 | 计算机、通信和其他电子设备制造业 | 4.64 | 705 | 云南省 | 3.86 | 171 |
| 末5名 | 电力、热力生产和供应业 | 2.19 | 508 | 广西壮族自治区 | 2.85 | 213 |
| 末4名 | 零售业 | 2.08 | 508 | 海南省 | 2.71 | 181 |
| 末3名 | 水上运输业 | 2.00 | 204 | 宁夏回族自治区 | 2.71 | 95 |
| 末2名 | 房地产业 | 1.95 | 985 | 甘肃省 | 2.66 | 174 |
| 末1名 | 道路运输业 | 1.70 | 220 | 西藏自治区 | 2.38 | 73 |

# 二、研发信息披露动机与质量分析

## (一) 提出分析假设

中国 2007 年开始实施的企业会计准则首次对公司研发费用按研究阶段与开发阶段进行了划分，并允许公司对于开发阶段的研发费用进行资本化处理。2012 年正值十八大召开，证监会为响应国家"创新驱动战略"的要求，在 2012 年准则修订稿中对上市公司会计准则中涉及研发的信息做出了大量补充。此后 2014 年、2016 年两版修订稿均继续沿用 2012 年修订的版本对于公司研发信息披露的主要要求。

随着监管力度的不断提升，公司研发信息披露的外部压力增大。沈洪涛、冯杰（2012）的研究显示出政府监管显著提升了公司信息披露的水平。姚海鑫、冷军（2016）通过构建动态博弈模型，也证明了降低审计成本、增加处罚力度等外部监管手段可以有效提升上市公司信息披露质量。上市公司在证监会监管下每年都要依照准则规定履行信息公开义务。因此，上市公司的信息披露内容除自愿披露外，大部分的信息披露都与监管部门的要求密不可分。据此，本书认为，"满足监管要求"是上市公司研发信息披露的一大动机，并提出如下假说：

H1：监管部门要求披露的研发信息越详细，公司的研发信息披露程度越高。

此外，根据信号理论，公司内部人员与外部投资者之间存在着信息不对称情况。对于拥有技术优势的公司，在行业中可以凭借自身优势获得超额回报（关勇军，2011）。这种类型的公司为弥补信息不对称，彰显自身技术优势，有动机自愿披露更多的会计信息。技术优势越明显的公司，越有动机向外传递这一好消息，以获得投资者信心，增加超额回报（梁莱歆，2007）。可见，"彰显竞争优势"也是公司披露研发信息的重要动机。据此，本章提出如下假说：

H2：公司研发创新水平高于行业平均的程度越大，研发信息披露的程度越高。

除以上两点动机外，本章根据前人研究进一步总结了另外四点研发信息披露动机。

首先，"反映重要事项"动机。对于研发活动频繁、研发业务占比较大的公司，技术的更新和市场竞争压力促使其不断进行研发活动，而研发活动强度也代表了这类公司未来发展的机会与利润创造能力，是公司的重要事项（陆正华等，2014）。同时，公司较大规模的研发活动必然为公司当前造成财务压力，为避免信息造成误解，这类公司有更强的主动性披露研发相关信息（方勇，2016）。据此，本章提出如下假说：

H3：公司研发强度越高，研发信息的披露程度越高。

其次，"应对高关注度"动机。一般来讲，对于规模较大的公司，市场影响力更强，因此也容易受到外界的关注和监管。这在无形当中提升了大公司自身行为的约束力。在信息披露方面，约束力更高的公司披露也更加规范（程琪，2016）。据此，本章提出如下假说：

H4：公司受关注度越高，研发信息的披露程度越高。

再次，"降低融资成本"动机。公司资源观理论和核心竞争力理论认为，公司研发具有长期性、不确定性。长期性导致需要资金支持，不确定性导致信息披露会更大地影响到公司融资与市场资源配置。而代理理论认为，公司可以通过披露更充分的信息降低代理成本，促进资源有效配置（马薇薇，2017）。据此，本章提出如下假说：

H5：公司融资约束越高，研发信息的披露程度越高。

最后，"进行盈余操纵"动机。研发支出资本化向来是研究盈余管理的学者们重点关注的领域。许多研究都显示出公司会采用研发费用资本化的手法操纵利润。特别是对于利润水平较低，扭亏动机较强而研发支出占利润水平较高的公司（曹晓丽等，2017）。据此，本章提出如下假说：

H6：公司盈余管理需求越大，研发信息披露程度越低。

## (二) 代理变量选择与分析模型

表 4 – 3 列示了本章研究主要代理变量的符号、含义及计算方法。其中，$Compliance_t$ 之所以以 2012 年为分界建立哑变量，主要是考虑到 2012 年修订的新准则对研发信息披露提出了更加详细的要求，因此标识新准则实行年份监管部门对研发的信息需求更强；$dINT_{i,t}$ 在计算过程中采用了崔也光 (2013) 对于无形资产的划分方法，只以技术类无形资产作为计算依据。

表 4 – 3 变量名称及计算方法

| 变量 | 含义 | 计算方法 |
|---|---|---|
| $Totalscore_{i,t}$ | 研发信息披露总得分 | 第 t 年表 4 – 1 中涉及的全部事项被 i 公司披露则分数加 1，取合计 |
| $Qualitativescore_{i,t}$ | 定性类研发信息披露得分 | 第 t 年表 4 – 1 中涉及的定性类事项被 i 公司披露则分数加 1，取合计 |
| $Quantitativescore_{i,t}$ | 定量类研发信息披露得分 | 第 t 年表 4 – 1 中涉及的定量类事项被 i 公司披露则分数加 1，取合计 |
| $Compliance_t$ | "满足监管需要"动机 | 2012 年及以后年份取 1，2011 年及以前年份取 0 |
| $dINT_{i,t}$ | "彰显竞争优势"动机 | 第 t 年 i 公司技术类无形资产占总资产的比重 – 第 t 年 i 公司所在行业技术类无形资产占总资产比重的中位数 |
| $RD_{i,t}$ | "反映重要事项"动机 | 第 t 年 i 公司研发投入总额（含资本化及费用化)/i 公司营业收入 |
| $Size_{i,t}$ | "应对高关注度"动机 | 第 t 年 i 公司总资产取自然对数 |
| $Lev_{i,t}$ | "降低融资成本"动机 | 第 t 年 i 公司总负债/总资产 |
| $EM_{i,t}$ | "进行盈余操纵"动机 | 第 t 年 i 公司研发投入资本化金额/净利润的绝对值大于 5%，则取 1，否则取 0 |

根据表4-3中变量的定义，本章构建了研发信息披露动机分析模型如下式。其中式4-1为研发信息总体披露的动机分析模型，式4-2和式4-3分别为定性类和定量类研发信息披露的动机分析模型。

$$\text{Totalscore}_{i,t} = \alpha_0 + \alpha_1 \times \text{Compliance}_t + \alpha_2 \times \text{dINT}_{i,t-1} + \alpha_3 \times \text{RD}_{i,t-1}$$
$$+ \alpha_4 \times \text{Size}_{i,t-1} + \alpha_5 \times \text{Lev}_{i,t-1} + \alpha_6 \times \text{EM}_{i,t-1} + \varepsilon \quad （式4-1）$$

$$\text{Qualitativescore}_{i,t} = \beta_0 + \beta_1 \times \text{Compliance}_t + \beta_2 \times \text{dINT}_{i,t-1} + \beta_3 \times \text{RD}_{i,t-1}$$
$$+ \beta_4 \times \text{Size}_{i,t-1} + \beta_5 \times \text{Lev}_{i,t-1} + \beta_6 \times \text{EM}_{i,t-1} + \tau \quad （式4-2）$$

$$\text{Quantitativescore}_{i,t} = \gamma_0 + \gamma_1 \times \text{Compliance}_t + \gamma_2 \times \text{dINT}_{i,t-1} + \gamma_3 \times \text{RD}_{i,t-1}$$
$$+ \gamma_4 \times \text{Size}_{i,t-1} + \gamma_5 \times \text{Lev}_{i,t-1} + \gamma_6 \times \text{EM}_{i,t-1} + \delta \quad （式4-3）$$

## （三）描述性统计

表4-4给出了六类动机的代理变量的描述性统计情况。六大动机假设的代理变量中，"满足监管需要"的代理变量 $\text{Compliance}_t$ 平均值0.53，基本上介于最大值与最小值之间，说明证监会2012年年报披露规范修订前后的样本分布是较为均衡的；$\text{dINT}_{i,t}$ 的平均值为0.2%，说明样本中高于行业平均水平的公司相比于低于行业平均水平的公司，具有更大的竞争优势；$\text{RD}_{i,t}$ 的平均值为1.1%，说明中国2008～2016年A股上市公司的平均研发强度仅为1.1%，以欧盟统计标准，研发强度在2%以下属于中低强度，不足1%属于低研发强度，这说明中国公司整体研发强度不足，与发达经济体相比还有较大差距；$\text{EM}_{i,t}$ 的平均值为0.11，代表样本公司中，有约11%的样本研发费用资本化的比重对净利润的影响达到了重要性水平之上。

表4-4　　　　　　　　　　　　　　描述性统计

| 变量 | 样本数 | 平均值 | 标准差 | 中位数 | 最大值 | 最小值 |
| --- | --- | --- | --- | --- | --- | --- |
| $\text{Compliance}_t$ | 13669 | 0.53 | 0.50 | 1.00 | 1.00 | 0.00 |
| $\text{dINT}_{i,t}$ | 13669 | 0.20% | 0.80% | 0.00% | 5.60% | -0.20% |
| $\text{RD}_{i,t}$ | 13669 | 1.10% | 2.00% | 0.00% | 10.70% | 0.00% |
| $\text{Size}_{i,t}$ | 13669 | 22.24 | 1.59 | 22.07 | 27.65 | 18.63 |

| 变量 | 样本数 | 平均值 | 标准差 | 中位数 | 最大值 | 最小值 |
|---|---|---|---|---|---|---|
| $Lev_{i,t}$ | 13669 | 53.80% | 24.00% | 53.50% | 156.10% | 7.60% |
| $EM_{i,t}$ | 13669 | 0.11 | 0.31 | 0.00 | 1.00 | 0.00 |

## （四）回归分析

表 4 – 5 报告了式 4 – 1、式 4 – 2、式 4 – 3 的回归结果。其中，除了 $dINT_{i,t}$（无形资产优势）在式 4 – 3 的回归中不显著外，其余变量在三个模型中的回归系数均在 1% 水平上显著。然而，仅仅统计意义上的显著并不能证明原假设的成立，回归结果还要保证在经济意义上同样具有显著性。表 4 – 6 是根据回归结果折算的自变量变动 1 单位标准差后，被解释变量的变动程度占被解释变量标准差的倍数。据此可对 3 个模型的回归结果进行经济意义上的解读和判断。由于经济显著性水平在目前的研究中并没有统一标准，本章采用的标准为：自变量变动 1 单位标准差，因变量变动幅度大于 5%，则认为自变量对因变量的影响具有经济意义。

表 4 – 5                  回归结果

| 变量 | （1）总评分 | | （2）定性项目评分 | | （3）定量项目评分 | |
|---|---|---|---|---|---|---|
| | 估计系数 | t | 估计系数 | t | 估计系数 | t |
| 截距项 | − 3.589 | − 10.80 *** | − 1.689 | − 8.46 *** | − 1.900 | − 9.21 *** |
| $Compliance_{i,t}$ | 0.972 | 17.33 *** | 0.194 | 5.17 *** | 0.778 | 22.2 *** |
| $dINT_{i,t}$ | 6.808 | 3.56 *** | 5.598 | 4.48 *** | 1.210 | 1.02 |
| $RD_{i,t}$ | 25.112 | 22.68 *** | 11.108 | 16.79 *** | 14.003 | 20.41 *** |
| $Size_{i,t}$ | 0.200 | 18.21 *** | 0.113 | 16.08 *** | 0.087 | 13.03 *** |
| $Lev_{i,t}$ | − 0.538 | − 9.09 *** | − 0.258 | − 6.60 *** | − 0.281 | − 7.96 *** |
| $EM_{i,t}$ | 0.726 | 14.15 *** | 0.496 | 15.32 *** | 0.230 | 6.98 *** |
| 年度效应 | 已控制 | | 已控制 | | 已控制 | |
| 行业效应 | 已控制 | | 已控制 | | 已控制 | |

续表

| 变量 | （1）总评分 | | （2）定性项目评分 | | （3）定量项目评分 | |
|---|---|---|---|---|---|---|
| | 估计系数 | t | 估计系数 | t | 估计系数 | t |
| R – Square | 0.5253 | | 0.3284 | | 0.4589 | |
| F | 151.77*** | | 87.32*** | | 112.34*** | |
| 样本量 | 11915 | | 11915 | | 11915 | |

注：***、**、* 分别表示 t 检验在 1%、5%、10% 水平上显著。

表 4 – 6 的计算过程实际上是计算标准化系数的过程。通过得到的标准化系数，可以对比不同影响因素对于被解释变量的贡献程度。由结果可知，$RD_{i,t}$对于总评分的标准化系数最大（24.0%）。结合具体数据，其经济含义为：公司研发活动强度每增长 1 个百分点，研发信息披露总得分将增长 0.25 分，也就是在平均分 3.418 分的基础上增长 7.31%。依照本章对经济显著性的定义，$RD_{i,t}$对于总评分的影响显然具有经济上的显著意义。同理，$RD_{i,t}$对于定性类和定量类的研发信息披露水平也具有显著的经济意义。这也证明了"反映重要事项"动机是目前上市公司研发信息披露过程中最重要的动机，说明研发活动强度越大的公司，越倾向于披露研发信息，包括定性信息（每单位变动增长 11.1%）和定量信息（每单位变动增长 14.0%），且一旦这种类型的公司需要披露研发信息时，披露定性类信息和定量类信息的力度是较为平衡的。

与此同时，$Compliance_{i,t}$的标准化系数为 23.2%，仅仅略低于 $RD_{i,t}$的标准化系数。这说明"满足监管需要"也是上市公司研发信息披露的重要动机，且 $Compliance_{i,t}$对于定量类信息披露的贡献程度约为定性类信息披露的 4 倍（30.8%/8.1%），说明监管力度的提升主要促进了公司对定量类研发信息的披露。这与"反映重要事项"的动机形成了对比，后者在定性类和定量类研发信息的披露选择上较为均衡。由于定量类研发信息更易于量化，在评价公司研发行为和评估研发绩效等方面明显优于定性类研发信息。因此，加强外部监管要求能够更加有效地促进公司披露定量类的研发信息，对于提升公司研发信息披露质量具有重要作用。

除上述两项最重要的信息披露动机外，"应对高关注度"也是公司选择披露研发信息的动机之一。Size$_{i,t}$对总信息披露贡献的标准化系数为15.1%，且在定性类和定量类信息的披露中均达到了经济意义上的显著。可见，在市场中受关注度高的公司，往往也披露更多的研发活动信息来应对市场关注的需要。此外，考虑到Size$_{i,t}$对于定性类研发信息的贡献程度是定量类的约1.5倍（15.0%/10.9%），可以推断那些基于"应对高关注度"动机的公司更倾向于披露不易被量化和分析的定性类研发信息，从而在一定程度上保护自身的信息优势。

与以上动机均得到验证不同的是，"进行盈余操纵"的动机并未得到验证。EM$_{i,t}$的变动从结果看虽然对公司研发信息披露造成了显著影响，但是其标准化系数的变动方向与本章最初的假设恰恰相反。这说明，在研发费用资本化金额对净利润造成重要影响的样本中，公司并未出于修饰利润的需要隐瞒或少披露研发信息；相反，公司会选择更多地披露研发活动信息，并以增加对定性类研发信息的披露作为主要手段（12.9%），这方面的增加幅度约为定量类信息增加幅度（5.6%）的2.3倍。这一结果显示出：上市公司在应对资本化研发费用对利润产生重要影响的局面时，并不是隐瞒、弱化相关的信息披露，反而积极地通过更充分的信息披露与资本市场进行互动，达到降低信息不对称性的目的。因此，这一回归结果并不支持"进行盈余操纵"假说，反而进一步验证了"反映重要事项"假说，说明：从经验数据上看，上市公司并未表现出对于"研发费用资本化调节利润"这一问题的回避与隐瞒，反而在出现大额资本化的研发费用时，对这一重要信息加强了披露，并且在披露方式上，公司除了披露相关金额外，更多地采用定性类研发信息的披露方式。

同样地，对于"降低融资成本"假说的验证也出现了相反的结论，即公司并不是出于"降低融资成本"的动机而选择披露研发信息。从标准化系数的结果上看，Lev$_{i,t}$的提升，无论对于研发总的信息披露水平，还是定性或定量类的研发信息披露均有抑制作用，虽然这一作用在经济层面的影响不大。本章推测，原因是资产负债率主要与公司外部融资成本相关，而研发活动本身具有高风险性，并非是看中安全性的外部债权资金所追求的投资类型。公司披露的研发活动强度越大，经营的不确定性越大，有可能增大公司外部融资难度。另一方面，由于研发活动具有高度的信息独占性，披露的信息过多，尤其是涉及研发项目风险的核心信息外泄，很有可能造成研发的外部性，伤害研发活动创造价值的能力。因此，即便披露研发信息，公司也不会对研发的核心内容进行披露，外部人员很难从公司对外公布的信息中判断研发项目风险，其所要求的报酬率也不会因公司披露的信息而降低。所以，从理论和经验数据两方面，"降低融资成本"很可能并非公司考虑研发信息披露的动机之一。

最后，"彰显竞争优势"的假说在实证检验中虽然达到了统计意义上的显著，但并未得到足够的经济意义。这说明，"彰显竞争优势"可能是公司选择披露研发信息的动机之一，但绝不是最主要的，它对于公司披露研发信息的影响并不大。同时，由于 $dINT_{i,t}$ 在定性类信息披露中的贡献度是定量类贡献的 4.75 倍，说明公司一旦出于"彰显竞争优势"动机而进行研发信息披露，则更多的公司会采用披露定性类研发信息的方式。

表 4-6　　　　　　　　　回归结果的标准化系数

| 自变量一单位标准差变动① | 因变量标准差变动倍数② | | |
|---|---|---|---|
| | 总评分<br>标准差：2.093 | 定性项目评分<br>标准差：1.198 | 定量项目评分<br>标准差：1.216 |
| $Compliance_{i,t}$ | 23.2% | 8.1% | 30.8% |
| $dINT_{i,t}$ | 2.6% | 3.8% | 0.8% |
| $RD_{i,t}$ | 24.0% | 18.5% | 22.2% |
| $Size_{i,t}$ | 15.1% | 15.0% | 10.9% |
| $Lev_{i,t}$ | -6.2% | -5.2% | -5.3% |
| $EM_{i,t}$ | 10.8% | 12.9% | 5.6% |
| 经济显著性水平③ | 8.2% | 7.6% | 6.6% |

注：①自变量 $Compliance_{i,t}$ 和 $EM_{i,t}$ 均为哑变量，依标准差变动不具有经济意义，在此均采用变动一单位测算。
②即标准化系数，计算公式＝自变量估计系数×自变量标准差/因变量标准差。
③本章的经济显著性计算公式＝因变量平均值×5%/因变量标准差。

## (五) 稳健性检验

对上市公司研发信息披露的六大假说进行的实证检验，进一步验证实验结果，增强本章结论的稳健性，本章对上文各类假说的代理变量做了更换并重新进行了实证分析。其中，以公司当期无形资产摊销金额替代开发支出，计算了其占利润的比重大小。无形资产摊销金额同样是公司研发信息中受会计估计影响大，直接计入当期损益的科目，但又与研发费用资本化所反映内容不同，可以成为会计进行盈余操纵的另一途径；以技术人员优势替代技术类无形资产优势，技术人员优势的计算与无形资产优势相似，采用该年度公司技术员工占比与该公司所在行业技术员工占比的中位数之差；以现金持有量替代资产负债率，体现了该公司的融资约束水平，所不同的是，现金持有量与资产负债率的影响方向是相反的，因此预期和公司研发信息披露负相关；以按总资产为分母计算的研发强度替代原有的以收入为分母的研发强度计算方法，从另一个角度度量公司研发活动强度；以销售费用率（销售费用/收入）替代原有的总资产的对数，度量公司受关注程度。因为销售费用主要核算公司的广告和营销推广费用，这里隐含的假设是，公司推广费用越高，越容易被市场所了解和关注。

为保持一致性，便于比较，各类变量虽然变换了计算方式，但保留了原有的符号。重新依照式 4 - 1、式 4 - 2、式 4 - 3 进行回归，回归结果在表 4 - 7 中列示。从统计意义上讲，除式 4 - 3 中 $Lev_{i,t}$ 的回归结果不显著外，其余回归结果均在 1% 水平上显著相关。与上文相同，除了考察各类变量的统计意义外，也要对变量的经济意义进行测度。

表 4 - 7 　　　　　　　　　　稳健性检验结果

| | (1) 总评分 | | (2) 定性项目评分 | | (3) 定量项目评分 | |
|---|---|---|---|---|---|---|
| | 估计系数 | t | 估计系数 | t | 估计系数 | t |
| 截距项 | 0.768 | 13.26 *** | 0.670 | 16.50 *** | 0.098 | 2.99 *** |
| $Compliance_{i,t}$ | 0.852 | 13.54 *** | 0.110 | 2.67 *** | 0.743 | 19.98 *** |

| | (1) 总评分 | | (2) 定性项目评分 | | (3) 定量项目评分 | |
|---|---|---|---|---|---|---|
| | 估计系数 | t | 估计系数 | t | 估计系数 | t |
| $dINT_{i,t}$ | 1.083 | 8.47 *** | 0.388 | 4.71 *** | 0.694 | 9.60 *** |
| $RD_{i,t}$ | 67.401 | 37.17 *** | 35.818 | 33.96 *** | 31.582 | 29.66 *** |
| $Size_{i,t}$ | 0.083 | 32.00 *** | 0.039 | 22.20 *** | 0.044 | 27.92 *** |
| $Lev_{i,t}$ | 0.564 | 4.54 *** | 0.508 | 6.15 *** | 0.056 | 0.81 |
| $EM_{i,t}$ | 0.345 | 11.13 *** | 0.198 | 9.98 *** | 0.147 | 8.00 *** |
| 年度效应 | 已控制 | | 已控制 | | 已控制 | |
| 行业效应 | 已控制 | | 已控制 | | 已控制 | |
| R – Square | 0.3904 | | 0.2412 | | 0.3709 | |
| F | 515.37 *** | | 260.37 *** | | 498.88 *** | |
| 样本量 | 11947 | | 11947 | | 11947 | |

注：*** 、** 、* 分别表示 t 检验在 1%、5%、10% 水平上显著。

表 4 - 8 列示了上述回归中各类变量的标准化系数，也就是各类变量对因变量的贡献程度。从结果上看，"反映重要事项" 和 "满足监管需要" 仍然是公司进行研发信息披露的最重要动机，并且表 4 - 8 的结果进一步显示出：第一，"反映重要事项" 这一动机的重要程度远高于其他几类动机；第二，公司出于 "反映重要事项" 动机进行研发信息披露时，对定性类和定量类信息的披露方式选择上是较为均衡的；第三，公司出于 "满足监管需要" 的动机时，主要提升了定量类研发信息的披露，这也与之前的检验结果相吻合；第四，"社会关注度高" "进行盈余操纵" 和 "彰显竞争优势" 三项动机不再具有经济意义上的显著性，但系数的作用方向与之前的实证检验结果是一致的，这也为之前的实证结论提供了佐证；第五，$Lev_{i,t}$ 的标准化系数为正，这与更换变量有关，说明随着融资约束的降低，公司反而更倾向于披露较多的研发信息，且以定性类研发信息的披露为主。这进一步验证了 "降低融资成本" 并非公司披露研发信息的动机。

表 4 – 8                              稳健性检验结果的经济含义

| 自变量一单位标准差变动 | 因变量标准差变动倍数 | | |
|---|---|---|---|
| | 总评分<br>标准差：2.093 | 定性项目评分<br>标准差：1.198 | 定量项目评分<br>标注差：1.216 |
| $Compliance_{i,t}$ | 20.3% | 4.6% | 30.5% |
| $dINT_{i,t}$ | 0.4% | 0.3% | 0.5% |
| $RD_{i,t}$ | 64.4% | 59.8% | 51.9% |
| $Size_{i,t}$ | 6.3% | 5.2% | 5.7% |
| $Lev_{i,t}$ | 6.5% | 10.2% | 1.1% |
| $EM_{i,t}$ | 5.1% | 5.1% | 3.8% |
| 经济显著性水平 | 8.2% | 7.6% | 6.6% |

## （六）分析结论

本节的研究结果表明：第一，"反映重要事项"是上市公司选择是否披露研发信息最重要的动机，即随着研发活动对公司的重要性提升，公司更愿意披露研发信息。且公司因"反映重要事项"动机而披露研发信息时，并不会侧重于披露定性或定量的研发信息，而是较为均衡地披露两类信息。第二，"满足监管需要"也是上市公司披露研发信息的重要动机，且与"反映重要事项"不同，当公司出于"满足监管需要"动机时，定量类的研发信息披露得到了显著增强。由于定量类研发信息更易于量化，在评价公司研发行为和评估研发绩效等方面明显优于定性类研发信息。因此，加强外部监管要求能够更加有效地促进公司披露定量类的研发信息，对于提升公司研发信息披露质量具有重要作用。第三，"应对高关注度"和"彰显竞争优势"动机均得到了一定程度的验证，说明公司在披露研发信息时确实存在着相关考量。但是两者对于研发信息披露水平的贡献程度明显低于"反映重要事项"和"满足监管需要"的动机。说明两者并非上市公司披露研发信息时主要考虑的因素。第四，"降低融资成本"和"进行盈余操纵"两类动机并未得到验证，说明两者不是公司披露研发投入信息的动机之一。事实上，研发投入因其信息独占性和高风险性特征，导致公司很难通过披露信息的方式降低融资成本，实证结果甚至显示出高融资约束会抑制公司研发信息的披露；而"进行盈余操纵"没有得到验证，说明从整体上讲，并未发现上市公司出于盈余操纵的目的减少披露研发信息。

上述分析结果说明，公司财务报告披露研发信息的主要动机是反映事实、应对监管，而非出于融资需求或盈余管理。动机成因与预期披露目标一致，可见财务报告披露的研发信息是值得信任的。

本节应用爬虫程序搜集文本信息，相较于以往的研究较大幅度地扩充了样本数量和范围，也避免了人工检索文本信息时容易出现的疏漏，使得研究结论更具有普适性和说服力。同时，本节的研究结论对于理解上市公司研发信息披露行为具有一定的借鉴。

# 三、财报研发数据的价值相关性分析

上一节阐述了公司财务报告中研发信息披露的主要动机是反映公司重要事项，同时公司披露研发信息也受到了监管力度的影响。在此基础上，本节进一步探讨财报中的研发信息是否具有价值相关性，证监会加强监管是否促进了信息的价值相关性。

本节以 2007 ~ 2016 年 A 股上市公司为样本，采用 PSM – DID 分析方法对公司研发信息披露过程中证监会监管效果以及监管对研发信息价值相关性的影响进行了实证研究。结果显示：证监会监管力度的加强会提升公司的研发信息披露水平；其中，定量类研发信息的披露水平提升速度更快；相较于一般公司，高新技术公司研发信息披露水平受证监会监管力度的影响更大；公司披露的研发信息存在价值相关性；随着证监会监管力度的加强，公司研发信息的价值相关性由负相关变为正相关，且高新技术公司研发信息披露水平具有更大的价值增量贡献；公司研发信息的价值含量约65% ~ 70%是由定量类研发信息所提供的。本节检验了证监会加强研发信息披露监管的执行效果，说明财报中的研发信息具有价值含量，可以作为研发指数的数据基础。

## （一） 制度背景与假说提出

会计信息披露历来有自愿性披露与强制性披露的理论之争。支持自愿披露信息的一方主张：根据代理理论（Agency Theory）、信号理论（Signaling Theory）与契约理论（Contract Theory），为有效履行受托责任、争夺市场资源及向市场传递良好的信号，上市公司会自愿披露绝大部分信息，至于不足的部分可通过个人契约方式加以弥补。但支持强制披露信息的一方则主张：如果站在市场失灵和会计信息公共产品的角度，只有通过管制纠正市场失灵，才能更有效地提升会计质量，降低市场的信息不对称性（王雄元，2003）。本研究支持强制披露理论，认为强制性信息披露对资本市场而言毫无疑问是必要的。

事实上，世界各国在资本市场公司研发信息披露管理上均有着不同程度的政府干预与强制披露，中国也不例外。我国 2007 年开始实施的企业会计准则首次对公司研发费用按研究阶段与开发阶段进行了划分，并要求公司将开发阶段资本化的研发费用计入"开发支出"科目进行披露。但除此之外，2007 版准则并未对公司研发活动做出更多的细节要求。2012 年正值党的十八大召开年，证监会为响应国家"创新战略"的要求，在 2012 年准则修订稿（以下简称修订稿）中对上市公司会计准则中涉及研发的信息做出了大量补充：在"公司业务概要"中，修订稿要求公司披露本年度公司核心竞争力（如专利、核心技术、关键技术人员等）的变动，及对公司造成的影响；在"经营情况讨论与分析"中，修订稿指出公司的披露内容应当包括公司研发项目的执行情况和未来计划；在"主要经营业务"中，修订稿加入了披露研发投入的项目，并提示公司应当分析项目变化原因，以及预计未来对公司发展的影响等。修订稿对此项目的描述字数为 150 字，相当于对费用类科目和现金流量科目描述字数的总和，可见修订稿对于研发投入项目的重视；在"公司发展战略"中，修订稿要求公司围绕新产品研发战略等方面向投资者提示公司未来发展的机遇和挑战；在"经营计划"项目中，修订稿要求公司披露下一年度的研发计划；在"可能面对的风险"中，修订稿强调公司应当披露未来经营风险因素，包括技术风险、技术升级换代、核心技术人员流失等使得公司核心竞争力受到严重影响的事项；在"公司员工情况"项目中，修订稿明确要求公司披露技术人员数量、员工受教育程度等信息。此后 2014 年、2016 年两版修订稿均继续沿用 2012 年修订的版本对于公司研发信息披露的主要要求。

由于上市公司在证监会监管下每年都要依照准则规定履行信息公开义务，因此，上市公司的信息披露内容必然受到证监会监管要求的影响。王宇峰等（2009）的研究发现了 2007 年新准则实施后研发强制性披露因素增加，公司研发信息披露水平也随之提升的现象。梁莱歆、金杨（2010）以深交所上市公司为研究样本，也发现了 2007 年新准则实施后，上市公司研发信息披露出现了明显的进步。王新红，卢卫青（2010）以上交所上市公司为样本，得出了与梁莱歆等相同的结论。以上研究均验证了公司研发信息披露明显受到证监会制定的会计准则影响。考虑到 2012 年后准则修订稿对于公司研发活动的披露要求明显提升，本节提出如下假设：

H7：证监会 2012 版准则修订稿实施后，上市公司研发信息披露水平显著提升。

同时，考虑到高新技术公司比一般公司拥有更多的研发活动，可能受到证监会监管的影响更大。汪童童（2016）的研究即发现：同样执行新准则条件下，被认定为高新技术公司的公司倾向于披露更加详细的研发信息。由此本节提出如下假设：

H8：相较于一般公司，高新技术公司研发信息披露水平受证监会准则修订的影响更大。

随着公司研发信息披露水平的提升，另一个关键问题必然引发更大的关注：披露水平提升的研发信息是否具备价值相关性？这是因为，只有具备价值相关性的信息，才有助于资本市场资源的合理配置。因此，本节也十分关注证监会监管力度变更前后研发信息的价值相关性变动情况。

事实上，研发信息价值相关性问题一直是国内外学术界研究的热点。大多数的研究均支持了研发信息与公司价值具有正向相关关系。赫希和韦甘特（Hirschey and Weygandt，1985）的研究显示公司披露的研发费用信息与公司价值显著正相关；薛云奎、王志台（2001）以中国1995~1999年沪市上市公司为样本，同样证明了公司披露无形资产信息具有很强的价值相关性。与之相对，谢小芳、李懿东和唐清泉（2009）研究发现股票市场中公司研发投入信息并不具有价值相关性；李晓（2016）的研究也发现无形资产信息缺乏价值相关性；而周亚虹和许玲丽（2007）的研究则发现了中国研发信息与公司价值可能存在着"倒U"形关系。罗纳德·赵（Ronald Zhao，2002）则从信息披露程度的角度出发，利用多国数据验证了研发信息披露详细程度与股票价值间的正相关关系，并且发现信息披露程度越详细，价值相关度越高；王新红、杨惠瑛（2010）在对中国上市公司研发信息披露状况进行调查分析后，也发现上市公司研发信息披露形式不规范，内容过于简单，连续性披露不足。这也可能是造成中国上市公司研发信息价值相关性研究结论不一致的原因。

结合以上研究结论，本研究认为证监会监管力度加强后，公司需要提供更详尽的研发信息，这会提升公司研发信息披露质量，从而增强这类信息的价值相关性。由此，本节提出如下假设：

H9a：证监会监管力度提升会加强公司研发信息披露水平的价值相关性。

H9b：证监会监管力度提升会加强公司定性类研发信息披露水平的价值相关性。

H9c：证监会监管力度提升会加强公司定量类研发信息披露水平的价值相关性。

同样地，由于高新技术公司研发创新活动与其核心竞争力密切相关，市场对于这类行业的研发信息披露也更加重视，其研发信息的价值相关性应当更大。乔文和赫希（Chauvin & Hirschey，1993）与Gary（1999）的研究均发现了行业可能是造成研发信息价值相关性出现差异的原因，并证明了高新技术公司研发投入信息的披露促进了股票价值的提升。由此，本节提出如下假设：

H10a：高新技术公司研发信息披露水平对公司价值有增量贡献。

H10b：高新技术公司定性类研发信息披露水平对公司价值有增量贡献。

H10c：高新技术公司定量类研发信息披露水平对公司价值有增量贡献。

## （二）研究变量和模型设计

### 1. 研究变量

（1）证监会监管：以符号 $CONTROL_{i,t}$ 表示。证监会 2012 年准则修订稿对公司年报中研发创新活动的披露要求从 2007 版准则的 1 条增加到 8 条，无论是涉及的内容还是要求披露的细节均发生了明显的增长。之后 2014 版和 2016 版准则修订稿均维持了 2012 版准则对研发创新活动的披露要求。因此，取 2012 年及以后年份样本 $CONTROL_{i,t}$ 为 1，2011 年及以前年份样本 $CONTROL_{i,t}$ 为 0。表示证监会对公司研发创新活动披露监管力度的变化。

（2）高新技术公司：以符号 $HTECH_{i,t}$ 表示。本节以是否处于高新技术行业作为高新技术公司的分类标准。高新技术行业分类依照国家统计局公布的高技术产业分类标准（2013），并对应于证监会《上市公司行业分类指引》（2012 年修订）的行业分类。具体包括：医药制造业，铁路、船舶、航空航天和其他运输设备制造业，计算机、通信和其他电子设备制造业，专用设备制造业，仪器仪表制造业，生态保护和环境治理业，电子商务服务业，软件和信息技术服务业以及专业技术服务业。样本中处于高新技术行业的公司 $HTECH_{i,t}$ 取 1，否则取 0。

（3）公司价值：以符号 $Q_{i,t}$ 表示。本节选取托宾 Q 作为公司价值的代理变量。托宾 Q 度量了公司市场价值与重置成本的比值，可以衡量单位重置成本下公司市场价值的高低。托宾 Q 指标相较于每股市值，可以更好地处理规模因素的影响，也是最常用于度量公司价值的代理变量。

此外，本节也选取了若干控制变量。包括：资产规模（以符号 $SIZE_{i,t}$ 表示），取 i 公司 t 年年末总资产的自然对数；财务风险（以符号 $LEV_{i,t}$ 表示），取 i 公司 t 年资产负债率；财务绩效（以符号 $ROE_{i,t}$ 表示），取 i 公司 t 年度权益报酬率；公司成长性（以符号 $GROWTH_{i,t}$ 表示），取 i 公司 t 年度收入相较于 t−1 年收入的增长率。公司治理水平共选取了三个代理变量：大股东持股（以符号 $SHARE_{i,t}$ 表示），取 i 公司 t 年末第一大股东持股比例；两权分离（以符号 SEPARATION$_{i,t}$表示），若 i 公司 t 年度董事长与总经理由一人兼任，则为0，否则为1；独董占比（以符号 INDEPENDENT$_{i,t}$表示），取 i 公司 t 年末独立董事人数占董事会总人数的比重。

## 2. 研究模型

本节首先研究了证监会信息披露准则修订前后公司研发信息披露水平的变动情况，从而论证证监会监管与公司研发信息披露行为的内在关系。但是，如果简单地比较证监会准则修订前后披露水平的差异，无法排除其他影响因素对于公司研发信息披露行为的影响。事实上，研发信息披露政策主要针对公司研发活动，因此研发活动水平更高的高新技术公司必然受到准则修订的影响更大，而对于较少研发活动的一般公司，政策的变更可能不会造成明显影响。因此，为了验证证监会政策的变更是否能够促进公司披露研发行为，本节需要对样本依照行业类别进行分组。其中，属于高新技术行业的公司为实验组（HTECH$_{i,t}$ = 1），受准则修订影响大；属于一般行业的公司为对照组（HTECH$_{i,t}$ = 0），受准则修订影响小。再将样本根据是否变更政策进行划分，可以得到4组子样本，分别是：准则修订前的实验组、准则修订后的实验组、准则修订前的对照组、准则修订后的对照组。由此可以依据双重差分法定义基准回归模型如式4-4所示：

$$TOTALSCORE_{i,t} = \beta_0 + \beta_1 \times HTECH_{i,t} + \beta_2 \times CONTROL_{i,t}$$
$$+ \beta_3 \times HTECH_{i,t} \times CONTROL_{i,t} + \tau \qquad (式4-4)$$

DID 模型中各个参数的含义见表4-9。根据式4-4可以看出，对于实验组（HTECH$_{i,t}$ = 1），准则修订前后研发信息披露水平分别为 $\beta_0 + \beta_1$ 和 $\beta_0 + \beta_1 + \beta_2 + \beta_3$，其变化幅度为 $\beta_2 + \beta_3$，这既包含了政策变动的影响，也可能受到其他因素，包括时间的变更、公司治理水平提升等因素的影响。同样，对于对照组（HTECH$_{i,t}$ = 0），准则修订前后研发信息披露水平分别为 $\beta_0$ 和 $\beta_0 + \beta_2$，其变化幅度为 $\beta_2$，这个变化幅度主要体现了其他因素对于研发信息披露水平的影响。因此，想要求得证监会准则修订对于公司研发信息披露水平的"净影响"，只需要将实验组准则修订前后研发披露水平的变化幅度 $\beta_2 + \beta_3$ 减去对照组的变化幅度 $\beta_2$，就能得到准则修订的净影响 $\beta_3$。这也是 DID 法评估政策执行效果的关注重点。如果本节的假设 1 和假设 2 成立，那么 $\beta_3$ 应当显著为正。

表 4 - 9 　　　　　　　　　　DID 模型参数含义

| | 准则修订前（CONTROL$_{i,t}$ = 0） | 准则修订后（CONTROL$_{i,t}$ = 1） | Difference |
|---|---|---|---|
| 高新技术行业（HTECH$_{i,t}$ = 1） | $\beta_0 + \beta_1$ | $\beta_0 + \beta_1 + \beta_2 + \beta_3$ | $\beta_2 + \beta_3$ |
| 一般行业（HTECH$_{i,t}$ = 0） | $\beta_0$ | $\beta_0 + \beta_2$ | $\beta_2$ |
| Difference in Difference | | | $\beta_3$ |

但是，采用 DID 法需要满足共同趋势假设，即如果证监会不修订研发信息披露准则，实验组和对照组研发信息披露水平的变化趋势不应当出现系统性差异。但是，无论从公司资源观、核心竞争力等理论角度还是实际经验判断，高新技术公司都很难保证在其他影响信息披露的重要因素方面与一般公司没有显著差异。而这些差异会影响 DID 法的评估效果。

为解决这个问题，本节参照赫克曼（Heckman，1998）提出的双重差分倾向得分匹配法（PSM - DID）分析思路，将本节的实验组和对照组首先进行倾向得分配对，保证共同趋势假设的成立，再用 DID 法进行分析。本节采用 PSM 方法，旨在从对照组中找出某一样本与实验组一一配对，令它们除了研发信息披露政策改变外，其他对公司信息披露有重要影响的因素均没有显著差异。由此在比较实验组和对照组差异的时候，才能更加科学地反映"准则修订"造成的影响。

基于已有的研究文献，本节选取了公司规模、财务风险、公司治理水平和财务绩效等四个主要的影响公司信息披露的控制因素。其中，公司规模以总资产自然对数表示，财务风险以资产负债率表示，公司治理水平选择第一大股东持股比例、董事长总经理是否兼任、独立董事占比三个指标表示，财务绩效以权益报酬率表示。式 4 - 5 为本节 PSM 法的 Logit 回归模型。依据式 4 - 5 的回归结果预测样本概率，采用最邻近匹配法根据概率将实验组和对照组样本进行一一配对，并验证配对结果是否满足平行假设，即实验组和对照组的控制变量不存在显著差异。验证通过后，再利用 DID 法计算配对成功的样本准则修订后的效果。

$$HTECH_{i,t} = \alpha_0 + \alpha_1 \times SIZE_{i,t} + \alpha_2 \times LEV_{i,t} + \alpha_3 \times SHARE_{i,t} + \alpha_4 \times SEPARATION_{i,t}$$
$$+ \alpha_5 \times INDEPENDENT_{i,t} + \alpha_6 \times ROE_{i,t} + \varepsilon \qquad (式 4 - 5)$$

在验证证监会监管政策有效性的基础上，本节试图进一步探讨政策改变的经济后果。为验证假设 9 及假设 10，本节建立回归方程如式 4 - 6。式 4 - 6 中 $TOTALSCORE_{i,t}$ 也可以替换为定性类研发信息的披露水平 $QUALITATIVESCORE_{i,t}$ 或定量类研发信息的披露水平 $QUANTITATIVESCORE_{i,t}$。当 $\gamma_1$ 显著为正或不显著时，若 $\gamma_2$ 显著为正，说明证监会加强研发信息披露的监管后，研发信息的披露水平价值相关性增强，假设 9 成立；若 $\gamma_3$ 也显著为正，证明对于高新技术公司，研发信息的价值增量效果更大，假设 10 也即成立。当 $\gamma_1$ 显著为负时，除满足上述条件外，还需增加条件：$|\gamma_2| > |\gamma_1|$，才能证明假设 9 成立。

$$Q_{i,t} = \gamma_0 + \gamma_1 \times TOTALSCORE_{i,t} + \gamma_2 \times TOTALSCORE_{i,t} \times CONTROL_{i,t}$$
$$+ \gamma_3 \times TOTALSCORE_{i,t} \times CONTROL_{i,t} \times HTECH_{i,t} + \gamma_4 \times SIZE_{i,t}$$
$$+ \gamma_5 \times LEV_{i,t} + \gamma_6 \times GROWTH_{i,t} + \gamma_7 \times ROE_{i,t} + \delta \qquad (式 4 - 6)$$

## （三） 回归分析

表 4 - 10 给出了式 4 - 5 Logit 回归后的结果，以及由式 4 - 5 进行 PSM 配对后对平行假设的检验。其中，Logit 回归结果除财务绩效指标以及两权分离指标不显著外，其余指标均在 1% 水平上显著。公司规模与是否属于高新技术公司负相关，反映了高新技术公司相较于一般公司规模往往较小，这与经验判断结果一致：高新技术公司往往以会计数据无法准确反映无形资产创造的价值，相较于主要依赖有形资产创造价值的一般公司，资产规模自然较小。财务风险显著较低，说明相较于外部融资，高新技术公司更依赖于内部融资，这也与高新技术公司高风险、低透明度的业务特征一致。公司治理

代理变量中,大股东持股的回归系数显著为负,独董占比的回归系数显著为正,说明高新技术公司股权相对更加分散,独董占比更高,表现出更强的公司治理水平。

根据表 4 - 10 反映的平行假设检验结果,成功配对的实验组与对照组,所有控制变量的配对 t 检验结果均不显著。这说明成功配对的实验组与对照组在公司规模、财务风险、公司治理以及财务绩效等方面均未表现出显著差异,平行假设成立。若在此基础上成功配对的样本 DID 法回归结果显著,则更说明了监管政策的改变是促进公司披露研发信息的主要原因。

表 4 - 10　　　　　　　　　　Logit 回归结果及 PSM 检验

| 项目 | 估计系数 | z 检验 | 是否配对 | 平均值 | | t 检验 |
| --- | --- | --- | --- | --- | --- | --- |
| | | | | 实验组 | 对照组 | |
| 截距项 | 1. 902 | 9. 46*** | — | — | — | — |
| $SIZE_{i,t}$ | - 0. 125 | - 13. 64*** | 否 | 21. 848 | 22. 379 | - 15. 28*** |
| | | | 是 | 21. 848 | 21. 820 | 0. 76 |
| $LEV_{i,t}$ | - 0. 545 | - 9. 65*** | 否 | 0. 481 | 0. 548 | - 12. 64*** |
| | | | 是 | 0. 481 | 0. 483 | - 0. 36 |
| $SHARE_{i,t}$ | - 0. 223 | - 2. 78*** | 否 | 0. 350 | 0. 371 | - 5. 69*** |
| | | | 是 | 0. 350 | 0. 351 | - 0. 18 |
| $SEPARATION_{i,t}$ | - 0. 043 | - 1. 29 | 否 | 0. 806 | 0. 838 | - 3. 78*** |
| | | | 是 | 0. 806 | 0. 807 | - 0. 07 |
| $INDEPENDENT_{i,t}$ | 1. 143 | 5. 50*** | 否 | 0. 373 | 0. 366 | 4. 31*** |
| | | | 是 | 0. 373 | 0. 371 | 1. 05 |
| $ROE_{i,t}$ | 0. 088 | 1. 41 | 否 | 0. 060 | 0. 058 | 0. 51 |
| | | | 是 | 0. 060 | 0. 062 | - 0. 39 |
| R - Square | 0. 0313 | | — | — | — | — |
| F | 452. 8*** | | — | — | — | — |
| 样本量 | 13459 | | — | — | — | — |

注:***、**、*分别表示 t 检验在 1%、5%、10% 水平上显著,下文标注含义相同。

表 4 - 11 给出了政策执行效果的 DID 法回归结果，其中第二、第三列的回归结果是将式 4 - 4 中的总评分替换为定性项目评分和定量项目评分后的回归结果。三项回归均采用 robust 处理，估计系数除截距项外，均为标准化处理后的结果，这样的处理更加方便进行系数间的比较。从回归结果上看，所有回归系数均在 1% 水平上显著。并且，本研究所关注的核心系数（$HTECH_{i,t} \times CONTROL_{i,t}$ 项的回归系数）在三项回归中均显著为正。这一结果有力地证明了假设 1 和假设 2 的推论，说明证监会 2012 年年报信息披露准则中对公司研发活动披露要求的加强，起到了促进公司披露研发活动的作用，且对于高新技术公司的促进效果更加明显。进一步的，由系数（$\beta_1 + \beta_3$）/$\beta_1$ 可以计算出高新技术公司在证监会准则修订前后研发信息披露水平的变动倍数。经计算，总评分变动倍数为 1.69，定性类评分变动倍数为 1.43，定量类评分变动倍数为 2.17。这说明，证监会监管准则修订促进高新技术公司研发信息披露水平提升了约 70%，其中定量类信息披露水平提升了约 117%，是整体评分水平上升的主要原因。

表 4 - 11                                                  DID 法回归结果

| | （1）总评分 | | （2）定性评分 | | （3）定量评分 | |
| --- | --- | --- | --- | --- | --- | --- |
| | 系数 | t | 系数 | t | 系数 | t |
| 截距项 | 2.185 | 58.20 *** | 1.334 | 47.59 *** | 0.851 | 44.08 *** |
| $HTECH_{i,t}$ | 0.236 | 16.60 *** | 0.265 | 14.97 *** | 0.144 | 11.21 *** |
| $CONTROL_{i,t}$ | 0.351 | 23.38 *** | 0.200 | 12.11 *** | 0.410 | 27.54 *** |
| $HTECH_{i,t} \times CONTROL_{i,t}$ | 0.163 | 7.94 *** | 0.115 | 4.99 *** | 0.169 | 8.36 *** |
| R – Square | 0.3237 | | 0.1912 | | 0.3295 | |
| F | 896.64 *** | | 402.18 *** | | 944.44 *** | |
| 样本量 | 4918 | | 4918 | | 4918 | |

注：本表回归系数除截距项外，均为标准化后系数，该系数 = 自变量估计系数 × 自变量标准差/因变量标准差。

为了探讨证监会加强研发信息披露是否有助于为投资人提供具有价值增

量的信息，本节以信息披露水平为自变量，公司价值为因变量进行了进一步的回归分析，结果如表 4 – 12 所示，其中第二、第三列的回归结果是将式 4 – 6 中的总评分替换为定性项目评分和定量项目评分后的回归结果。三项回归的系数均在 1% 水平上显著，并且除截距项外均进行了标准化处理，以便于系数间比较。三项回归的结论均一致反映出样本公司在证监会准则修订前，研发信息披露与公司价值存在显著负相关关系；而在准则修订后，两者转而呈现出正相关关系，并且标准化后回归系数的绝对值高于准则修订前。此外，$HTECH_{i,t}$ 的交乘项系数显著为正，说明高新技术公司的研发信息具有额外的价值增量。总评分、定性项目评分和定量项目评分的回归结果均支持了假设 9 和假设 10 的观点。

与大多数研究支持研发信息具有正向的价值相关性不同，证监会准则修订前公司披露的研发信息反而与公司价值负相关，这似乎反映出 2011 年以前的资本市场对公司披露研发信息是持负面态度的。那时公司的研发信息披露规范性较差，市场本身的接受程度不一，而研发费用资本化又是当时较为敏感的盈余管理议题（许罡、朱卫东，2010）。披露研发信息可能给投资者带来"风险较高"与"会计操纵"的印象，从而造成了市场评估价值的降低。与此相比，2012 年准则修订稿中对公司研发信息披露做出了非常详尽的补充要求，研发信息的披露尤其是定量类研发信息的披露水平大幅增长，这也带来了市场对于研发信息披露质量的认可。表 4 – 12 中交乘项系数显著为正就支持了这一结论。更重要的是，根据总评分回归系数，可以计算出研发信息披露对公司价值的影响在准则改变后增长为之前的 2. 17 倍[①]。这说明证监会对研发披露准则的修订不仅实现了资本市场对公司研发信息评价性质的扭转，而且使得研发信息变得比以往更加重要。

同时，将表 4 – 12 中自变量的标准化回归系数乘以各个评分项目的标准差，可以计算出相应研发信息披露水平对价值贡献的程度。已知样本中总评分的标准差为 2. 211，定性类项目的标准差为 1. 273，定量类项目的标准差为 1. 272，不难计算出准则修订后，定量类研发信息对公司价值的贡献占研

---

① 计算公式 = (0. 195 + 0. 065)/0. 120。

发信息总贡献的比重对于一般公司为 70.22% [1]，在高新技术公司中这一比例则是 65.28% [2]。这说明公司研发信息的价值含量大部分是由定量类研发信息所提供的。

除上述主要结论外，在式 4 - 6 回归的控制变量中，财务风险、成长性和盈利水平均与公司价值呈显著正相关关系，这与以往的研究结论一致；公司规模与公司价值显著负相关，这可能说明了随着公司规模扩大，信号传递效率与管理水平均可能降低，公司反而会出现"规模不经济"情况。

表 4 - 12　　　　　　　　政策经济后果的回归分析结果 [3]

| 项目 | (1) 总评分回归 | | (2) 定性项目回归 | | (3) 定量项目回归 | |
|---|---|---|---|---|---|---|
| | 估计系数 | t 检验 | 估计系数 | t 检验 | 估计系数 | t 检验 |
| 截距项 | 28.847 | 28.54 *** | 28.824 | 28.48 *** | 28.683 | 28.37 *** |
| TOTALSCORE$_{i,t}$ | - 0.120 | - 5.93 *** | | | | |
| TOTALSCORE$_{i,t}$ × CONTROL$_{i,t}$ | 0.195 | 8.92 *** | | | | |
| TOTALSCORE$_{i,t}$ × CONTROL$_{i,t}$ × HTECH$_{i,t}$ | 0.065 | 4.06 *** | | | | |
| QUALITATIVESCORE$_{i,t}$ | | | - 0.084 | - 5.09 *** | | |
| QUALITATIVESCORE$_{i,t}$ × CONTROL$_{i,t}$ | | | 0.153 | 7.75 *** | | |
| QUALITATIVESCORE$_{i,t}$ × CONTROL$_{i,t}$ × HTECH$_{i,t}$ | | | 0.070 | 4.15 *** | | |
| QUANTITATIVESCORE$_{i,t}$ | | | | | - 0.173 | - 7.07 *** |
| QUANTITATIVESCORE$_{i,t}$ × CONTROL$_{i,t}$ | | | | | 0.238 | 9.35 *** |
| QUANTITATIVESCORE$_{i,t}$ × CONTROL$_{i,t}$ × HTECH$_{i,t}$ | | | | | 0.057 | 3.78 *** |

① 计算公式 = (0.238 × 1.272)/(0.195 × 2.211)。
② 计算公式 = (0.238 + 0.057) × 1.272/[(0.195 + 0.065) × 2.211]。
③ 本表回归系数除截距项外，均为标准化后系数。

| 项目 | （1）总评分回归 | | （2）定性项目回归 | | （3）定量项目回归 | |
|---|---|---|---|---|---|---|
| | 估计系数 | t 检验 | 估计系数 | t 检验 | 估计系数 | t 检验 |
| $SIZE_{i,t}$ | -0.543 | -24.93*** | -0.544 | -24.89*** | -0.539 | -24.64*** |
| $LEV_{i,t}$ | 0.064 | 2.81*** | 0.063 | 2.79*** | 0.063 | 2.76*** |
| $GROWTH_{i,t}$ | 0.063 | 3.51*** | 0.062 | 3.49*** | 0.062 | 3.49*** |
| $ROE_{i,t}$ | 0.089 | 4.01*** | 0.088 | 3.99*** | 0.087 | 3.95*** |
| R - Square | 0.2849 | | 0.2840 | | 0.2823 | |
| F | 118.86*** | | 116.81*** | | 115.16*** | |
| 样本量 | 4508 | | 4508 | | 4508 | |

## （四） 结 论

本节的研究结果表明：证监会 2012 年年报信息披露准则中对公司研发活动披露要求的加强，起到了促进公司披露研发活动的作用，且对于高新技术公司的促进效果更加明显。同时，根据回归结果计算可知：证监会监管准则修订促进高新技术公司研发信息披露水平提升了约 70%，其中定量类信息披露水平提升了约 117%，是整体评分水平上升的主要原因。

随着披露水平的提升，公司研发信息的经济影响也发生了改变。证监会研发信息披露准则修订前，研发信息与公司价值负相关；准则修订后，样本公司的研发信息披露与公司价值转变为正相关，且高新技术公司的研发信息具有额外的价值增量。根据总评分回归系数，研发信息披露对公司价值的影响在准则修订后增长为之前的 2.17 倍。这说明，证监会对研发披露准则的修订不仅实现了资本市场对公司研发信息评价性质的扭转，而且使得研发信息变得比以往更加重要。此外，本节的研究还发现，准则修订后，定量类研发信息对公司价值的贡献占研发信息总贡献的比重对于一般公司为 70.22%，在高新技术公司中这一比例则是 65.28%。这显示出公司研发信息的价值含量大部分是由定量类研发信息提供的。

本章应用爬虫程序搜集文本信息，相较于以往对于公司研发信息披露的研究，较大幅度地扩充了样本数量和范围，也避免了人工检索文本信息时容易出现的疏漏，使得研究结论更具有普适性和说服力。在研究政策影响时，采用 PSM – DID 分析方法，能够更加方便地排除其他影响因素，较为准确地反映政策影响的"净效应"。同时，本章的研究结论对于理解上市公司研发信息披露行为受证监会监管的影响及其经济后果具有一定的借鉴。此外，本章的研究也支持了监管部门加强对上市公司研发信息披露的监管力度，从而进一步提升上市公司研发信息披露水平，促进资本市场的健康发展。

# 第五章

# 研发指数构建的方法基础

在人们日常生活和人类社会发展过程中,各类指数层出不穷。1675 年,英国学者赖斯沃恩(Rice Vaughan)首先提出了规范的指数设计方法,并尝试用设计的指数反映当时物价的波动。[①] 随着指数研究和应用范围的不断加深,指数因其高度的凝练性、综合评价能力和方便理解的特性,应用范围深入经济学领域的各个层面。如 GDP 指数、CPI 指数、股票指数、零售物价指数、工业生产指数、恩格尔系数等。指数不仅反映了经济运行的波动状态,更和一般人的生活息息相关,对指数的相关研究也在不断增多,应用的范围也日益拓展。因此,指数的概念在当今社会中已经被不断泛化,对指数概念的理解也应当从不同层次来进行解读。本章将就一般统计学意义、经济学意义和生活层面三个角度解读指数的含义。

## 一、指数的内涵

从统计学角度讲,指数是一类特殊的相对指标,用于测度不同时空范围内单一对象或多种对象发展变化的相对程度。指数的统计学概念又有广义和狭义之分。广义上讲,任何两类数值的比例关系都可以称为指数。而狭义的

---

① Rice Vaughan,《铸货币及货币铸造论》,1675 年。

指数则主要反映了多类因素共同变动产生的综合相对指标。

从经济学意义上讲，指数是用来反映和测定某些特定的经济行为变化程度的特殊统计指数。最为著名的典型经济指数如道琼斯指数、物价指数等。经济学指数可以将复杂而难以计量、反映的经济学概念变为形象、具体且易于比较和判断的高度凝练的指数，对于理解和反映复杂经济行为具有重要的意义，可以集中反映复杂的经济行为和进行综合评价。经济学意义上的指数就是一般统计指数在经济学领域的应用。本章涉及的公司研发指数就是比较典型的经济学意义上的指数。

在一般生活层面，也出现了很多带有"指数"标签的相关数据。如幸福指数、心情指数、约会指数、洗车指数等。这一类指数也具有反映综合信息和进行系统评价的特征，是一种广义层面上统计学指数的应用。在生活层面上，人们已经习惯于将各类评价指标以"指数"的称呼予以确认，部分被称为"指数"的指标甚至已经脱离了指数原本的含义和范畴。这一现象说明了指数概念和指数应用已经深入人民的日常生活中，被大多数人所广泛接受。可以说，"指数时代"已经向我们慢慢揭开它神秘的面纱，深入生活的点点滴滴，成为伴随现代人生活的经济常态。[1]

# 二、指数的一般构建方法

一般指数构建中，依照对于各类指标赋予权重时采用的不同方法进行分类，可以将指数构建的赋权方法分为主观赋权法和客观赋权法。其中，主观赋权法包括层次分析法、模糊评价法和专家意见法（德尔菲法）等；客观赋权法包括熵值赋权法、主成分分析法和灰色关联度法等。

---

① 中国科技财富指数研究中心：《"指数时代"呼唤中国科技公司财富指数》，2009 年。

## （一）主观赋权法

### 1. 层次分析法

层次分析法（Analytic Hierarchy Process，AHP）是将与决策总是有关的元素分解成目标、准则、方案等层次，在此基础之上进行定性和定量分析的决策方法。该方法是美国运筹学家匹茨堡大学教授萨蒂于20世纪70年代初，在为美国国防部研究"根据各个工业部门对国家福利的贡献大小而进行电力分配"课题时，应用网络系统理论和多目标综合评价方法，提出的一种层次权重决策分析方法。

层次分析法的基本原理是：首先将一个复杂问题所涉及的不同影响因素进行分层分析和分解，形成较为有序的层次，主要有目标层、准则层和方案层三个层次；之后，依照客观依据和理论推理进行主观判断，分别对每一个层次的不同指标赋予权重，从而形成判断矩阵，最终形成最下层相对于目标层的重要程度和权重。

层次分析法有其优势和不足。这类赋权方法的主要优点是综合运用了定性分析与定量分析两类分析方法，将目标逐步分解为若干细节指标，使得整个指标评价体系具有系统化的特点；同时，人为的主观判断可以减少对于客观数据的依赖，因此在解决客观数据较少或较难取得的问题方面，层次分析法具备优势。此外，层次分析法简单易懂，易于接受。但是，层次分析法也有自身的不足。首先，层次分析法主要依赖人为的定性判断，不易为人信服；其次，这类评价方法只适用于评价指标较少的情况，一旦评价指标过多，主观对于指标权重的判断就不易进行，判断的结果也可能产生问题；最后，层次分析法只允许参与判断者对现有指标进行判别，限制了人的主观能动性发挥，也会影响到对目标的判断。

本书的公司研发指数具备客观分析的数据基础，对公司研发评价的专业性更强，需要更为人信服的评价证据，因此本书不采用层次分析法对指标赋权。

## 2. 模糊评价法

模糊综合评价法是一种基于模糊数学的综合评标方法。该综合评价法根据模糊数学的隶属度理论把定性评价转化为定量评价，即用模糊数学对受到多种因素制约的事物或对象做出一个总体的评价。它具有结果清晰、系统性强的特点，能较好地解决模糊的、难以量化的问题，适合各种非确定性问题的解决（查德，1965）。模糊综合评价法的应用程序包括：设定各级评价的指标集和因素集，利用两类集合建立评价关系矩阵，然后确定各个因素的权重和隶属度向量，形成模糊评价矩阵。最后将评价集与评价因素值之间建立相互对应关系，获得评价结果。该方法也是一种将主观赋权与客观数据处理相结合的指数构建方法，尤其在判断模糊问题和不确定问题时较为适用。

同样，本书考虑到主观赋权中，指数权重会受到主观性的影响出现随意分配权重的问题，缺少客观依据，因此对于模糊评价方法不予采用。

## 3. 德尔菲法

德尔菲法（Delphi method），是采用背对背的通信方式征询专家小组成员的预测意见，经过几轮征询，使专家小组的预测意见趋于集中，最后做出符合市场未来发展趋势的预测结论。德尔菲法又名专家意见法或专家函询调查法，是依据系统的程序，采用匿名发表意见的方式，即团队成员之间不得互相讨论，不发生横向联系，只能与调查人员发生关系，以免问卷填写人搜集各方意见并达成共识。经过几次反复征询和反馈，专家组成员的意见逐步趋于集中，最后获得具有很高准确率的集体判断结果。

这类方法的优点是避免了决策过程中赋权人的主观判断受到其他参与者的影响，个体意志得到了有效表达。但这类方法受到挑选专家和实际操作过程中的诸多限制。对于专家个人的经验依赖度较大，缺少客观可信的依据。故因此不作为本研究公司研发指数构建的备选方法。

## （二）客观赋权法

### 1. 熵值赋权法

熵值赋权法的权重确认主要是依据数据自身携带的信息含量多少。信息自身的变动程度越大，不确定性越强，其所涵盖的信息则越多，熵值越大，赋予的权重也越大。反之，当一项数据的不确定性越小，其所携带的信息含量也越少，赋予的熵值权重则越低。熵值赋权法依赖于数据信息自身特征，所以在一定程度上避免了主观赋权所带来的随意性问题，赋予的权重更加具有客观依据和说服力，是一种常见的客观赋权构建指数的方法。它的缺点是所需数据量较大，且选择的指标决定了指数反映信息的品质。如果选择了与指数反映目标不相关的其他指标加入指数评价体系，熵值赋权法也无法对其进行区分，反而会被不相关的因素分走部分权重，导致最终构建的指数不能合理反映预期目标。因此，应用熵值赋权法要重视指标选取过程中的理性判断和逻辑分析，同时也要进行必要的指数信度、效度测试。本研究主要采用熵值赋权法对研发指数各个因素的权重进行分配。

### 2. 主成分分析法

主成分分析法是一种数学领域常用的降维分析方法。它主要是将多个具有相关关系的不同指标转化为少数几个具有代表性且相互独立的评价维度，能够较大程度地反映原有指标信息，从而实现减少评价指标的目的，且一定程度上解决了指标信息重合的问题。主成分分析法对各类分析因素的载荷和各综合因子权重的计算均由客观数据计算得出，能够避免人为赋权主观判断的偏误。本研究在公司研发指数构建的过程中，对于海选指标进行筛选的过程应用了主成分分析法。

### 3. 灰色关联度分析法

灰色关联度分析法（Grey Relational Analysis）是灰色系统分析方法的一

种。是以因素之间发展趋势的相似或相异程度，亦即"灰色关联度"，作为衡量因素间关联程度的一种方法（郭慧芳，2007）。对于两个系统之间的因素，其随时间或不同对象而变化的关联性大小的量度，称为关联度。在系统发展过程中，若两个因素变化的趋势具有一致性，即同步变化程度较高，即可谓二者关联程度较高；反之，则较低。灰色关联度法对数据的要求并不高，计算方法也较为简便。

客观赋权法相较于主观赋权法，能够综合考虑各类指标间的相互关系，降低了人为判断导致的主观随意性问题，所得出的权重拥有客观依据，更容易为人信服。此外，客观赋权法更加适用于指标相对较多、数据量较大的指标评价，这与本书研究的公司研发指数的特点相一致。因此，本研究将主要采用客观赋权法对公司研发指数进行构建。

## 三、相关指数的设计与应用情况

在本书设计公司研发指数之前，相关学者已经就类似问题进行了一定的基础和应用研究。这类研究对本书的研究具有借鉴意义。

苑泽明在 2012 年发表的《无形资产指数：理论模型构建》一文中，对无形资产指数的基本概念和结构进行了阐述。她将无形资产指数主要分为了三个层面：技术创新力、技术竞争力和可持续发展力（苑泽明，2012）；弗罗里达（Florida）在 2002 年提出了创意指数概念，并将创意指数分为创意阶层占劳动力总人口的比重、人均专利数、科技极化指数与同性恋指数等四个方面〔弗罗里达（Florida，2002）〕；北京市统计局 2004 年开始发布中关村指数，该指数分为经济增长、经济效益、技术创新、人力资本和公司发展等五个层面，对中关村高新技术园区内的高新技术公司的研发水平进行了指数反映（北京市统计局，2004），这类指数的作用范围有限，各类指标只适用于高新技术公司，而对于一般公司则并不适用；国家统计局 2014 年开始发布中国创新指数，该指数分为创新环境、创新投入、创新产出和创新成效等四个方面，对一个国家的创新水平进行指数反映（国家统计局，2014）①。该指数主要采取了宏观经济数据，无法应用于具体的公司。德高行（北京）科技股份有限公司 2015 年 2 月 17 日与深圳证券交易所共同发布专利指数（德高行②，2015）。该指数主要从专利角度出发，选取了 45 个专利指标，对上市公司的专利情况进行反映，为投资者选择股票提供参考信息。下面，本研究将对上述主要指数的具体指标进行介绍和评价。

## （一）无形资产指数

苑泽明（2012）的无形资产指数主要是用于反映公司创新能力、竞争能力和发展潜力的综合指标。③ 该指标主要分为三个层面：技术创新能力、技术竞争力和可持续发展力。技术创新能力的评价指标包括：研发强度、技术性无形资产占比、技术人员密度等三个指标；技术竞争力的评价指标包括：销售费用率、市场占有率和超额收益率等三个指标；可持续发展力的评价指标包括：资产增长率、无形资产比重、员工学历结构和每股无形资产等四个指标。在衡量公司无形资产创造公司价值的过程中，无形资产指数从多方面考虑了无形资产创造价值的途径，为研发指数的构建打下了很好的基础。

但是本书构建的研发指数与无形资产指数也存在诸多不同：首先，研发指数主要强调了公司研发活动创造价值的水平，反映的问题更针对研发环节，这与无形资产指数反映的范围和反映的问题有所不同；其次，无形资产模型设立的三个方面，由于缺少相应的理论模型作为基础，因此是否能够涵盖无形资产指数所要反映的问题的主要层面，这很难做出判断，本书在设立研发指数过程中，将以此为借鉴，尝试建立公司研发活动的理论模型，从而加强公司研发指数评价指标体系的说服力。

---

① 来源：国家统计局社科文司"中国创新指数（CII）研究"课题组研究成果。
② 德高行（北京）科技股份有限公司 2015 年 2 月 17 日与深圳证券交易所共同发布"专利领先指数"。
③ 苑泽明，宫成芳，张悦等.无形资产指数：理论模型构建［J］.管理现代化，2012（4）：114－116.

## （二） 创意指数

创意指数（Creativity Index）是弗罗里达开发的反映某个地区创意经济总体排名的基本指标，Florida 将它作为体现一个地区长期经济潜力的"晴雨表"。而那些创意指数较高的地区称作"创意中心"。创意指数由四个同等权重的因素构成，分别是：创意阶层占劳动力总人口的比重、人均专利数、科技极化指数与同性恋指数等四个方面。创意指数相较于以往的单指标判断，能够更好地反映一个地区的创新能力水平，虽然是反映宏观经济数据的指标，但是本书在设立公司研发指数过程中，对创意指数的衡量方法可以予以借鉴。弗罗里达在他建立的3Ts模型中，强调了人才、技术和宽容度对于地区创新人才引进的重要作用（陈颖，2010）。其中对于宽容度的重视是其他大多数创新指数考虑不足的部分。弗罗里达认为创新活动受到环境的影响作用很大，相对宽松的环境会有助于研发活动的进行，因为事实上，研发活动本质就是打破常规的行为，有可能与环境产生较大冲突。这在微观公司的研究中也得到了证明（施文倩，2016；韩霞，2009）。本书构建的公司研发指数重点反映公司的研发水平，因此对于公司宽容环境也要进行重点考虑，这主要就是借鉴了创意指数设计的特点。

## （三） 中关村指数

北京市统计局2004年开始发布的中关村指数，针对中关村高新技术园区内的高新技术公司的研发水平进行了指数反映。该指数分为经济增长、经济效益、技术创新、人力资本和公司发展等五个层面，具体的方案层指标与相应权重如表5-1所示。

表 5-1　　　　　　　　　　　　中关村指数指标体系

| 准则层指标权重 | 指标 | 指标权重 |
|---|---|---|
| 经济增长指数（0.18） | 1. 公司总收入 | 0.35 |
| | 2. 出口创汇总额 | 0.28 |
| | 3. 技术性收入 | 0.37 |
| 经济效益指数（0.21） | 1. 总资产贡献率 | 0.3 |
| | 2. 产值利税率 | 0.34 |
| | 3. 全员劳动生产率 | 0.36 |
| 技术创新指数（0.29） | 1. 公司研究与发展支出占总收入比例 | 0.38 |
| | 2. 新产品销售收入占产品销售收入比例 | 0.32 |
| | 3. 每万科技活动人员拥有发明专利数 | 0.3 |
| 人力资本指数（0.15） | 1. 科技活动人员占从业人员比例 | 0.41 |
| | 2. 留学归国人员占从业人员比例 | 0.28 |
| | 3. 公司从业人员 | 0.31 |
| 公司发展指数（0.17） | 1. 超 10 亿元公司总收入 | 0.32 |
| | 2. 总收入增长大于 20% 公司比例 | 0.31 |
| | 3. 公司总资产 | 0.37 |

　　该指标同样是反映研发能力的指标，但根据其具体指标构成可知，中关村指数具有较强的地域性和行业性特征。地域性和行业性的特征主要表现在：留学归国人员占比（人才资源在不同地域中的构成和评价不同）；以总收入 10 亿元规模和总收入 20% 增长率作为门槛值（不同地域的特征不同，经济基础不同，门槛值并不一定适宜其他地区）；以公司总收入作为评价标准，只有在高新技术行业才可以反映公司的研发创新水平等。

　　本书设计的公司研发指数，要借鉴中关村指数设计的基本思路：一方面应当借鉴中关村指数选取的评价指标和评价角度，尝试将评价指标微观化，另一方面也要考虑到评价微观公司与评价宏观经济环境存在不同，对于具体的指标选取不能盲目照搬。此外，本书设计的研发指数评价对象为所有上市公司，这样确定的依据在于：创新活动本身具有普适性，李克强总理强调"万民创新"的精神也说明了这一特点。一般公司均存在着创新活动，如果公司研发指数只能反映高新技术公司的研发水平，而对一般公司的研发水平度量并不适用的话，则研发指数会出现局限性，不利于指数的推广和应用；另一方面，普适性的研发指数有助于高新技术公司与非高新技术公司之间的对比，我们平常所默认的"高新技术公司就是要比非高新技术公司研发水平高"这一观点，是否普遍适用于所有高新技术公司呢？普适性的研发指数就可以解决这个问题，同时也有助于增强高新技术公司的竞争意识和危机意识。因此，如何在中关村指数的基础上，探寻普遍适用于一般公司研发水平衡量的公司研发指数，也是本研究需要关注的重点问题。

## （四）中国创新指数

国家统计局 2014 年开始发布中国创新指数。该指数分为创新环境、创新投入、创新产出和创新成效等四个方面，对一个国家的创新水平进行指数反映。中国创新指数的主要评价指标体系如表 5 - 2 所示。

表 5 - 2　　　　　　　　中国创新指数评价指标体系

| 准则层 | 方案层 | | 单位 |
|---|---|---|---|
| 环境（1/4） | 1.1 | 经济活动人口中大专及以上学历人数 | 人/万人 |
| | 1.2 | 人均 GDP | 元/人 |
| | 1.3 | 信息化指数 | % |
| | 1.4 | 科技拨款占财政拨款的比重 | % |
| | 1.5 | 享受加计扣除减免税公司所占比重 | % |
| 创新投入（1/4） | 2.1 | 每万人 R&D 人员全时当量 | 人年/万人 |
| | 2.2 | R&D 经费占 GDP 比重 | % |
| | 2.3 | 基础研究人员人均经费 | 万元/人年 |
| | 2.4 | R&D 经费占主营业务收入的比重 | % |
| | 2.5 | 有研发机构的公司所占比重 | % |
| | 2.6 | 开展产学研合作的公司所占比重 | % |

续表

| 准则层 | 方案层 | 单位 |
|---|---|---|
| 创新产出（1/4） | 3.1 每万人科技论文数 | 篇/万人 |
| | 3.2 每万名 R&D 人员专利授权数 | 件/万人年 |
| | 3.3 发明专利授权数占专利授权数的比重 | % |
| | 3.4 每百家公司商标拥有量 | 件/百家 |
| | 3.5 每万名科技活动人员技术市场成交额 | 亿元/万人 |
| 创新成效（1/4） | 4.1 新产品销售收入占主营业务收入的比重 | % |
| | 4.2 高技术产品出口额占货物出口额的比重 | % |
| | 4.3 单位 GDP 能耗 | 吨标准煤/万元 |
| | 4.4 劳动生产率 | 万元/人 |
| | 4.5 科技进步贡献率 | % |

中国创新指数采用等额赋权法对指标权重进行分配，这种方法既排除了主观赋权的偏向性问题，又减弱了客观赋权受指标选择影响较大的问题，这一方法可资借鉴。同时，中国创新指数的分析视角和指标选择可以作为本书公司研发指数的参考。

## （五）专利指数

德高行（北京）科技股份有限公司2015年2月17日与深圳证券交易所共同发布专利指数（德高行[①]，2015）。该指数主要从专利角度出发，选取了45个专利指标，对上市公司的专利情况进行反映，为投资者选择股票提供参考信息。该指标侧重于专利信息的反映，对指数进行效用验证的过程中，研究团队采用了权益回报率（ROE）、市盈率（PE）、市净率（PB）和股票价格四项指标进行了检验。这种研究方法可以作为本书公司研发指数的参考标准。但是，专利指数的设计本身基于专利信息，如果站在研发水平评

---

① 德高行（北京）科技股份有限公司2015年2月17日与深圳证券交易所共同发布"专利领先指数"。

价的角度考虑，可能会产生片面性的评价结果。同时，专利指数对我国专利信息的披露质量和专利本身的品质存在着较大的依赖性，如果专利质量不佳，专利信息的价值也会降低，专利指数的质量会受到较大影响。事实上，有部分研究表明我国专利的质量存在问题，如宋河发等（2014）的研究表明，我国专利质量在不同地区分布不平衡，且8个主要国家中，中国的专利质量是最低的。[①] 这说明：我国不同地区公司间的专利量信息的可比性存在问题，且专利品质较低会使专利信息反映的品质随之下降。正是有鉴于此，本书选择了以会计信息为基础的公司研发指数评价体系。会计信息本身有着规范的信息披露准则和严格的审计程序，比许多简单的统计数据拥有更强的品质，以此为基础的指数更具有说服力。

# 本 篇 小 结

本篇主要介绍了指数构建基础，包括制度基础、数据基础和方法基础。在制度基础中，重点探究了会计制度对企业研发信息的披露要求和规范；方法基础中列举了常用的指数设计方法，并评价了各自的优缺点。

本篇内容重点探讨了以公司财务报告为数据基础平台的可行性问题，突出了会计数据作为研究基础的重要作用。结果说明，公司财务报告披露研发信息的主要动机是反映事实、应对监管，而非出于融资需求或盈余管理。动机成因与预期披露目标一致，可见财务报告披露的研发信息是值得信任的。此外，本篇内容也论证了会计披露的研发信息具有价值相关性，可以作为评价企业研发活动价值创造能力的基础数据使用。

---

① 宋河发，穆荣平，陈芳等. 基于中国发明专利数据的专利质量测度研究 [J]. 科研管理，2014（11）：68 – 76.

第三篇

# 研发指数的构建方法
# 与设计思路

# 第六章

# 研发指数构建方法

根据已有的研究,本章将探讨建立上市公司研发指数的设计方法。为了使得研发指数设计的主要维度具有系统性,本章将首先就研发指数的构建原则、概念和理论模型进行探讨。

## 一、研发指数构建原则

为保障本章构建的公司研发指数科学合理,应当对研发指数的构建过程提出必要的研究原则。借鉴以往的研究经验,本章对公司研发指数的构建提出了如下原则。

### (一) 系统性原则

本章力求选取的研发指数评价指标能够全面地反映公司研发创新水平,尽量减少单指标孤立评价产生的片面性问题,要求能够综合地反映研发活动各个层面的情况。为满足这一原则,本章将探讨构建研发活动的价值创造模型,通过模型分析,尽可能多地涵盖研发活动创造价值的主要层面。

## （二） 可靠性原则

本章选取的指标数据应具备可靠性特征，这既是会计信息的主要特征，又是公司研发指数构建的必要特征。可靠性的内涵包括：数据来源的可靠性，即数据可以通过客观渠道获取；数据验证的可靠性，即获取的数据可以通过客观标准验证；数据赋权的可靠性，即各类指标数据对应的权重采用客观赋权与主观赋权相结合的方式，最大限度地发挥两类赋权方法各自的优势。

## （三） 相关性原则

相关性原则要求研发指数反映的信息与公司研发指数设计的初衷是高度相关的，即研发指数能够有效地反映公司研发创新水平的高低。相关性具体表现为：研发指数数据可以帮助信息使用者进行决策。

## （四） 可比性原则

可比性原则要求公司研发指数的数据具备可比性。具体表现在：同时期内不同公司间的公司研发指数是可比的；同一公司不同时期内的公司研发指数是可比的。满足可比性原则有助于分析公司在同业竞争中的位置，以及反映公司自身研发水平的变动和发展。

## （五） 稳健性原则

研发活动本身具有高风险和高不确定的特征，因此对于公司研发水平的反映应当保持稳健态度，以免过高估计公司研发水平引起的损失。公司研发指数设计的稳健性主要体现在：第一，以会计信息为基础，由于会计信息采用历史成本计量原则，经过公认会计准则生成，同时对外披露前要通过严格的审计程序，且会计信息本身即具备稳健性特征，故能够增强研发指数的稳健性特质；第二，在研发指数的评价指标中，综合考虑研发环境、技术风险等带来的影响，可以增强研发指数反映结果的稳健水平。

## 二、研发指数概念与理论模型

### （一）研发指数概念界定

本章将公司研发指数的概念界定为：反映公司一定时期内研发活动价值创造综合能力的指标。这一概念的基本要点有：

第一，公司研发指数以公司价值的创造作为最终的衡量标准，与理财学的基本目标一致。第二，公司研发指数的反映主体是公司的研发活动，度量的价值创造也是基于研发活动的价值创造。第三，公司研发指数有一定的时效期限，反映的结果是基于公司某一特定时期的研发行为。第四，研发指数是一项综合指标，反映的是公司研发综合能力，而非片面地评价公司研发行为的某一维度，如投入维度或产出维度。

本章将研究的样本聚焦于我国上市公司，这是因为上市公司披露的信息更全面，信息质量更高。在之后的研究中，还可以继续对非上市公司进行研究，甚至进一步探索将研发指数主体范围扩大，使其成为反映某一行业或地区研发能力强弱的综合指标。

### （二）研发指数理论模型建立

本章选择在财务管理领域应用最为广泛的现金流量折现模型（DFC）建立研发指数的理论模型。应用现金流量折现模型的依据是：首先，研发活动是一项典型的公司投资行为，研发活动周期较长、不确定性较大。现金流量折现模型在理论和实践研究领域都常用来对公司的投资绩效进行评价，因此使用现金流量折现模式更易被人接受和理解；其次，现金流量折现模型是以投资项目未来现金流量的净现值作为评判项目可行性和计算项目投资绩效的依据，理论上讲与理财学的基本目标是相一致的；最后，现金流量折现模型考虑了货币时间价值的影响，适合对长期投资项目进行评测。

依据现金流量折现模型的基本原理，本章构建了公司研发活动绩效评价的理论模型如式 6 – 1 所示。

$$P_0 = \sum_{i=t}^{t+n} \frac{E(F_i)}{(1+r_e)^i} - \sum_{j=0}^{m} \frac{E(F_j)}{(1+r_e)^j} \qquad (式 6 – 1)$$

其中，$P_0$ 代表了研发投入项目的净现值，$P_0 > 0$，则项目可行，$P_0$ 越大，项目的投资价值越大；t 为项目自开发时刻起，到"可带来经济利益流入"状态所用时期数。n 为项目开发完成后，经济利益流入的持续期限；如我国发明类专利的使用年限是 20 年，而国家知识产权局的研究表明我国公司发明类专利的平均有效年限为 6.4 年，远低于这个标准[①]；$E(F_i)$ 代表了未来各期预计产生的现金流入量；$r_e$ 代表了公司的资本成本；m 代表了开发项目的开发周期长度；$E(F_j)$ 代表了开发期预计产生的现金流出。

研发模型的构建表明，公司研发活动创造价值的强弱，受到了项目成果质量、项目开发期和收益期的长短、公司资本成本、开发过程中的公司投入水平等因素的影响。对于特定公司的特定项目来讲，未来期间的研发成果带来的收益越大、收益期间越长、公司开发项目的时间和投入越少，开发资金的资本成本越低，公司的研发活动创造的价值就越大。

---

① 国家知识产权局：《中国有效专利年度报告（2014）》。

# 第七章

# 研发指数设计思路

## 一、研发指数评价指标的筛选

### （一）研发评价指标海选

研发模型表明，公司研发活动创造价值的强弱，受到研发成果质量 [与式 6-1 中 E(F_i) 相关]、开发期和收益期长短（与式 6-1 中 m、n 相关）、资本成本（与式 6-1 中 $r_e$ 相关）、投入水平 [与式 6-1 中 E(F_j) 相关] 等因素的影响。总结来看，这些因素可以分为四个主要的层面：创新投入（主要反映投入水平）、技术水平（主要反映开发期长短，也影响投入水平与成果质量）、创新环境（主要反映资本成本，并与其他因素广泛相关）和创新产出（主要反映研发成果质量与收益期长短）。其中，创新投入是指公司用于研发活动的资金投入；技术水平是指公司利用投入资金进行创新活动，最终产生可以带来经济利益的研发成果的开发能力；创新环境是指公司研发的基础环境，包括公司的治理水平、融资约束水平、公司对创新观点的接纳程度、行业创新压力等；创新产出主要指的是公司创新活动的物质产出，即研发活动的研发成果，如专利权等。四个方面影响研发指数的关系如图 7-1 所示。

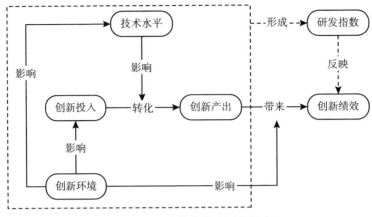

图 7－1　研发指数影响因素示意

本章的数据来源主要包括国泰安 CSMAR 数据库、台湾经济新报 TEJ 数据库、中国科技统计年鉴、国家专利局公开披露的信息等。主体信息以会计数据和公司会计年度报告附注信息组成。因此可以说，本章设计的研发指数是会计学意义上的研发指数。

本章根据研发理论模型确定了创新投入、技术水平、创新环境和创新产出等四个维度作为公司研发指数准则层面的指标，并根据已有的研究和相关指数选定的指标初步海选出各个维度的研发指标如表 7－1 所示。

表 7－1　　　　　　　　　　公司研发指数指标海选

| 编号 | 准则层 | 方案层 | 经济含义 | 单位 |
|---|---|---|---|---|
| 1 | 创新投入 | 研发投入水平 | 公司当期研发投入的自然对数 | % |
| 2 | | 研发强度 1① | 公司当期研发投入/当期收入 | % |
| 3 | | 研发强度 2 | 公司当期研发投入/当期总资产 | % |
| 4 | | 研发强度 3 | 公司当期研发投入/当期总市值 | % |
| 5 | | 研发投入增长率 | 公司下期研发强度与当期研发强度之差和当期研发强度的比值 | % |

---

　　① 已有的研究对于某类比率有相同称谓，但计算方法略有不同，所反映的经济实质接近，本章暂时以编号的形式对这类比率进行命名，待指标筛选完毕后再根据筛选结果对变量拟定更加合适的名称。

续表

| 编号 | 准则层 | 方案层 | 经济含义 | 单位 |
|---|---|---|---|---|
| 6 | 技术水平 | 本科以上员工比率1 | 公司本科以上员工人数的自然对数 | % |
| 7 | | 本科以上员工比率2 | 公司本科以上员工人数/员工总人数 | % |
| 8 | | 研究生以上员工比率1 | 公司当期研究生学历以上员工人数的自然对数 | % |
| 9 | | 研究生以上员工比率2 | 当期公司研究生以上学历员工数/公司员工总数 | % |
| 10 | | 技术员工占比1 | 公司当期技术类员工人数的自然对数 | % |
| 11 | | 技术员工占比2 | 公司当期技术类员工人数/总人数 | % |
| 12 | | 项目研发周期 | | |
| 13 | | 研发资本化率 | 当期资本化研发费用与研发费用总额的比值 | % |
| 14 | | 无形资产率1 | 公司当期无形资产的自然对数 | % |
| 15 | | 无形资产率2 | 公司无形资产占当期总资产比重 | % |
| 16 | | 知识资产比率1 | 公司当期技术资产的自然对数 | % |
| | | 知识资产比率2 | 公司当期技术类资产/当期总资产 | % |
| 17 | 创新环境 | 现金持有水平 | 公司期末现金存量的自然对数 | |
| 18 | | 自由现金 | 经营性现金净流量 - 资本支出 | 元 |
| 19 | | 资产负债率 | 平均负债/平均资产 | % |
| 20 | | 补贴率1 | 公司当期政府补贴的自然对数 | % |
| 21 | | 补贴率2 | 公司政府补贴占研发支出的比重 | % |
| 22 | | 行业竞争压力 | 行业平均研发强度 - 公司研发强度（当期） | % |
| 23 | | 创新观点接纳度 | 由公司高管年龄、性别、学历、国籍度量的观点离散水平 | % |
| 24 | | 董事会规模 | 公司董事会人数 | 人 |
| 25 | | 独董占比 | 公司当期独立董事占董事会人数的比重 | % |
| 26 | | 董事会勤勉 | 董事会当年开会次数 | 次 |

| 编号 | 准则层 | 方案层 | 经济含义 | 单位 |
|---|---|---|---|---|
| 27 | | 监事会勤勉 | 公司当期监事会开会次数 | 次 |
| 28 | | 股东大会勤勉 | 公司当期股东大会开会次数 | 次 |
| 29 | | 公司控制权 | 所有者按持股比例拥有的公司控制权 | % |
| 30 | 创新环境 | 现金流权 | 所有者按持股比例拥有的财产分红权 | % |
| 31 | | Z 指数 | 第一大股东持股/第二大股东持股 | % |
| 32 | | 第一大股东持股比率 | 当期第一大股东持股比率 | % |
| 33 | | 管理者自信水平 | 前三名高管薪酬占高管总薪酬的比重 | % |
| 34 | | 专利申报率1 | 当期专利申报总量的自然对数 | % |
| 35 | | 专利申报率2 | 当期专利申报总量/当期技术员工人数 | 件/人 |
| 36 | | 发明类专利比率1 | 公司当期申请的发明类专利件数的自然对数 | % |
| 37 | | 发明类专利比率2 | 公司当期发明类专利申报数/专利申报总数 | 件/人 |
| 38 | | 发明类专利受批时间 | 公司当期发明类专利平均受批时间 | 年 |
| 39 | 创新产出 | 实用新型类专利受批时间 | 公司当期实用新型类专利平均受批时间 | 年 |
| 40 | | 外观设计类专利受批时间 | 公司当期外观设计类专利平均受批时间 | 年 |
| 41 | | 专利使用寿命 | 公司当期三类专利累计使用寿命合计,参考知识产权局对此类专利的寿命预计 | 年 |
| 42 | | 新产品销售收入占总销售收入的比重 | | |
| 43 | | 平均专利研发投入 | 当期研发费用总额/当期专利申报数 | % |

如表 7-1 所示,本章通过海选出研发强度、研发投入水平、研发投入增长率等 5 个指标,反映公司创新投入层面的情况;通过海选出公司员工本科以上员工比率、研究生以上员工比率、技术员工占比等 12 个指标,反映公司技术水平的情况;通过海选出现金持有水平、资本成本等 17 个指标,反映公司创新环境的情况;通过海选出专利申请率、专利使用寿命等 10 个

指标，反映公司创新成果的情况。四类准则下共海选出44个方案层指标。

## （二）研发评价指标初筛与无量纲化处理

根据指数构建的可靠性原则，评价指标应当客观可获取。对于筛选出的指标，如果存在不可客观获取的情况，则对该指标予以剔除。

根据这一原则，本章剔除了项目研发周期和新产品收入占总收入比重这两项指标，因为这两类指标均无法获取到公司的微观数据。

在进行指标的进一步筛选和赋权之前，需要对指标数据进行无量纲化的处理。无量纲化处理是在保留数据信息的前提下，将数据的数值转换为[0，1]区间的数值，从而消除不同指标间由于单位的不同而对分析造成的不利影响。这也是指数建立必须进行的工作。

为了对各类指标进行无量纲化的处理，首先必须确认各个指标对于最终指数所反映的问题究竟具有正向或负向的影响。针对本章设计的研发指数，正向影响是指指标的变动会反映出公司研发创新活动产生价值水平的同向变动；而反向影响则代表两者存在反向变动。

经过分析，表7-1筛选的指标绝大多数均属于正向指标，只有"资产负债率"和"行业竞争压力"属于反向指标，代表随着"资产负债率"和"行业竞争压力"的增加，会对公司研发创新活动带来不利影响。这两个指标要与其他正向指标区分开，分别进行无量纲化的处理。本章的无量纲化处理方法如下，其中正向指标的无量纲化处理如式7-1所示：

$$P_{ij} = \frac{V_{ij} - \min_{1 \leqslant j \leqslant n}(V_{ij})}{\max_{1 \leqslant j \leqslant n}(V_{ij}) - \min_{1 \leqslant j \leqslant n}(V_{ij})} \qquad （式7-1）$$

反向指标的无量纲化处理如式7-2所示：

$$P_{ij} = \frac{\max_{1 \leqslant j \leqslant n}(V_{ij}) - V_{ij}}{\max_{1 \leqslant j \leqslant n}(V_{ij}) - \min_{1 \leqslant j \leqslant n}(V_{ij})} \qquad （式7-2）$$

式7-1和式7-2中，$P_{ij}$代表第i个指标第j个观测数据标准化后的数值；$V_{ij}$代表了第i个指标第j个观测数据的原始数值；n代表了样本总量。$\max_{1 \leqslant j \leqslant n}(V_{ij})$和$\min_{1 \leqslant j \leqslant n}(V_{ij})$分别代表了在n个样本数据中选择i指标的最大值和最小值。

根据式 7 - 1 和式 7 - 2 可知，本章标准化方法受到各个指标最大值与最小值的影响非常大。为了减少因为出现极端值造成标准化后的结果偏误的可能性，本章在进行数据标准化的步骤前，首先对所有数据进行了分年度的 Winsorize 处理。选取的极端值比率为 0.01。这种处理方法是将样本排序后大于 99% 分位数的样本统一改写为 99% 分位数上的数值，小于 1% 分位数的样本统一改写为 1% 分位数上的数值。这样处理的好处是在减少极端值影响的前提下，尽可能保留样本。同时，分年度的处理方法将各年份数据独立处理，可以支持未来年份研发指数数据的独立测算，增强不同年份间研发指数的可比性。

## （三）基于相关性对研发评价指标进行复筛

由于海选形成的各类指标可能存在着较大的相关关系，而相关关系较大的指标反映的信息会存在冗余现象，降低了研发指数指标计算的效率。因此，本章利用相关性分析的方法对每一个准则层内的指标分别进行了分析，对于相关性较强的指标予以剔除。① 这样操作的好处是使得公司研发指数的评价指标体系简洁清晰。相关性分析剔除指标的情况见表 7 - 6 的说明。其中创新投入层面筛除了 3 个指标，分别是研发投入水平、研发强度 2、研发强度 3；技术水平层面筛除了 4 个指标，分别是本科以上员工比率 1、研究生以上员工比率 1、研究生以上员工比率 2；创新环境层面筛除了 6 个指标，分别是现金持有水平、补贴率 1、董事会勤勉、股东大会勤勉、现金流权和第一大股东持股比率；创新产出层面筛除了 7 个指标，包括专利申报率 1、发明类专利比率 1、实用新型类专利使用寿命、外观设计类专利使用寿命、专利使用寿命。

相关性程度较高的指标筛选的主要标准是：（1）指标更具有代表性。如保留了发明类专利申报率，删除了专利申报率，在三类专利申报中，发明

---

① 本章选择的剔除标准是：相关性系数大于 0.8 的两个指标考虑剔除。

类专利的申报技术含量最高，价值创造的持续性更强，因此发明类专利申报率较专利申报率而言代表性更强，故予以保留。（2）指标涵盖信息更丰富。如保留了发明类专利比率 2（公司当期发明类专利/当期技术类员工总数），删除了发明类专利比率 1（公司当期申请的发明类专利件数的自然对数），因后者只包含了专利信息，而前者加入了公司技术员工信息，信息的涵盖量更大。（3）指标更通用。如保留了研发强度 1（公司当期研发投入/当期收入），删除了研发强度 2（公司当期研发投入/当期总资产）、研发强度 3（公司当期研发投入/当期总市值），因前者的适用范围更广。

## （四） 基于理性判断的指标修正

对于相关性分析筛选后剩余的指标，同一准则层内可能存在着主要指标与次要指标之分。在次要指标所含信息量较低的情况下，可以通过主成分分析法予以筛除。本章对各个准则层面的指标分别进行了主成分分析，并采用 KMO 检验。检验结果显示，大多数统计量的 KMO 值低于 0.5，说明现有指标不适宜进行主成分分析。表 7-2~表 7-5 反映了四个准则层指标分别进行主成分分析的结果，一般认为，方差累计贡献率达到 80% 以上的主成分都可以选作最终的主成分。但另一方面，理论上应当选取初始特征根（Eigenvalues）大于 1 的主成分，否则选取特征根小于 1 的主成分，会降低整体的解释力度，效果不如直接选择原始变量。

表 7-2　　　　　　　　创新投入层次指标的主成分分析

| Component | Eigenvalue | Difference | Proportion | Cumulative |
|---|---|---|---|---|
| Comp1 | 1.0824 | 0.1647 | 0.5412 | 0.5412 |
| Comp2 | 0.9176 | | 0.4588 | 1.0000 |

（续表：KMO 检验）

| 指标 | KMO |
|---|---|
| 研发强度 | 0.5 |
| 研发投入增长率 | 0.5 |
| 整体 | 0.5 |

表 7 – 3 　　　　　　　　技术水平层次指标的主成分分析

| Component | Eigenvalue | Difference | Proportion | Cumulative |
|---|---|---|---|---|
| Comp1 | 1.8571 | 0.3024 | 0.3714 | 0.3714 |
| Comp2 | 1.5547 | 0.6341 | 0.3109 | 0.6824 |
| Comp3 | 0.9206 | 0.4694 | 0.1841 | 0.8665 |
| Comp4 | 0.4512 | 0.2349 | 0.0902 | 0.9567 |
| Comp5 | 0.2163 | | 0.0433 | 1.0000 |

（续表：KMO 检验）

| 指标 | KMO |
|---|---|
| 研究生以上员工比率 | 0.4264 |
| 技术员工占比 | 0.4922 |
| 研发资本化率 | 0.4918 |
| 知识资产比率 | 0.5075 |
| 本科以上员工比率 | 0.5067 |
| 总体 | 0.4932 |

表 7 – 4 　　　　　　　　创新环境层次指标的主成分分析

| Component | Eigenvalue | Difference | Proportion | Cumulative |
|---|---|---|---|---|
| Comp1 | 1.6089 | 0.4249 | 0.2011 | 0.2011 |
| Comp2 | 1.1840 | 0.1108 | 0.1480 | 0.3491 |
| Comp3 | 1.0732 | 0.0185 | 0.1341 | 0.4833 |
| Comp4 | 1.0547 | 0.0946 | 0.1318 | 0.6151 |
| Comp5 | 0.9600 | 0.1647 | 0.1200 | 0.7351 |
| Comp6 | 0.7954 | 0.0598 | 0.0994 | 0.8345 |
| Comp7 | 0.7356 | 0.1472 | 0.0919 | 0.9265 |
| Comp8 | 0.5883 | | 0.0735 | 1.0000 |

（续表：KMO 检验）

| 指标 | KMO |
|---|---|
| 自由现金 | 0.5482 |
| 资产负债率 | 0.6298 |

续表

| 指标 | KMO |
|---|---|
| 行业竞争压力 | 0.574 |
| 创新观点接纳度 | 0.5749 |
| 独董占比 | 0.4831 |
| 公司控制权 | 0.4543 |
| Z 指数 | 0.5282 |
| 补贴率 | 0.5486 |
| 总体 | 0.5413 |

表 7 - 5　　　　　　　　创新产出层次指标的主成分分析

| Component | Eigenvalue | Difference | Proportion | Cumulative |
|---|---|---|---|---|
| Comp1 | 1.4968 | 0.1952 | 0.2994 | 0.2994 |
| Comp2 | 1.3016 | 0.3351 | 0.2603 | 0.5597 |
| Comp3 | 0.9665 | 0.3354 | 0.1933 | 0.7530 |
| Comp4 | 0.6311 | 0.0270 | 0.1262 | 0.8792 |
| Comp5 | 0.6041 | | 0.1208 | 1.0000 |

（续表：KMO 检验）

| 指标 | KMO |
|---|---|
| 人均专利申报数 | 0.5115 |
| 发明类专利比率 | 0.5177 |
| 发明类专利平均受批时间 | 0.5082 |
| 平均专利研发投入 | 0.5061 |
| 专利使用寿命 | 0.5668 |
| 总体 | 0.5129 |

从表 7 - 2 ~ 表 7 - 5 的测试结果来看，四个准则层指标均不能满足：（1）初始特征根大于 1 的全部主成分所占的方差贡献率高于 80%；（2）KMO 检验值在 0.9 以上表示非常适合主成分分析；0.8 表示适合；0.7 表示一般；0.6 表示不太适合；0.5 以下表示极不适合。四个准则层指标的 KMO 值基本

处于极不合适至不太合适的区间。综合来看，四个准则层指标均不适用于主成分分析法。

对全指标直接进行主成分分析，分析结果依照特征值不小于1的选择标准共可选择6类主成分。方差贡献率为57.15%。提取的主成分低于80%的方差贡献率水平。KMO值为0.6280，说明从整体来讲，选择的各项指标同样不太适用于主成分分析法。

虽然指标特点不适用于主成分分析，但是本章仍需对指标进行筛选和排查。这是因为，无论是主成分分析，还是相关性分析，均无法避免无关数据混入评价指标体系。而这会造成最终的评价结果出现偏误。因此就需要进行人为的理性判断，对已有指标进行进一步筛选，剔除其中信息无关的指标。

以无形资产比率2和知识资产比率2为例。本章中无形资产比率2的计算方式为公司当期无形资产占总资产的比重，而知识资产比率2的计算方式为公司当期技术类无形资产占固定资产的比重。两类指标通过了相关关系检验得以保留，说明两者并不存在很强的相关关系，但事实上两者原本反映的内涵是一致的：两个指标均表明了公司研发成果的积累水平。出现相关性不强的原因在于，我国上市公司无形资产的会计核算中，土地使用权是纳入无形资产核算的[①]，但是土地使用权本身并不是高度智慧凝结的资产，并不符合杨汝梅先生在《无形资产论》（2009）中对于无形资产特征的阐述，更不是公司研发活动的产物。这也造成了两个本该高度相关的指标的相关性较弱。说明无形资产比率2这个指标携带了较多与研发无关的信息，因此，在我国的会计制度背景下，该指标应予以剔除。只保留知识资产比率2指标即可。

与此同时，补贴率2指标试图反映政府部门对公司研发活动的支持力度。但实际上政府补贴并非仅用于公司的研发活动，该指标不能反映目标内涵，故应予以剔除。全部剔除完成后的指标如表7-6所示。

---

① 《企业会计准则》第6号相关规定。

表 7-6 公司研发指数指标筛选表

| 编号 | 准则层 | 方案层 | 筛选结果 |
|---|---|---|---|
| 1 | 创新投入 | 研发强度 1 | 保留 |
| 2 | | 研发投入增长率 | |
| 3 | | 研发投入水平 | 相关分析删除 |
| 4 | | 研发强度 2 | |
| 5 | | 研发强度 3 | |
| 6 | 技术水平 | 研究生以上员工比率 2 | 保留 |
| 7 | | 技术员工占比 2 | |
| 8 | | 研发资本化率 | |
| 9 | | 知识资产比率 2 | |
| 10 | | 本科以上员工比率 1 | 相关分析删除 |
| 11 | | 本科以上员工比率 2 | |
| 12 | | 研究生以上员工比率 1 | |
| 13 | | 研究生以上员工比率 2 | |
| 14 | | 无形资产率 1 | |
| 15 | | 无形资产率 2 | |
| 16 | | 技术员工占比 1 | |
| 17 | | 项目研发周期 | 可观测性删除 |
| 18 | 创新环境 | 自由现金 | 保留 |
| 19 | | 资产负债率 | |
| 20 | | 行业竞争压力 | |
| 21 | | 创新观点接纳度 | |
| 22 | | 独董占比 | |
| 23 | | 公司控制权 | |
| 24 | | Z 指数 | |
| 25 | | 现金持有水平 | |
| 26 | | 补贴率 1 | 相关分析删除 |
| 27 | | 董事会规模 | |
| 28 | | 监事会勤勉 | |
| 29 | | 董事会勤勉 | |
| 30 | | 股东大会勤勉 | |
| 31 | | 现金流权 | |
| 32 | | 管理者自信水平 | |
| 33 | | 补贴率 2 | 判断后删除 |

| 编号 | 准则层 | 方案层 | 筛选结果 |
|---|---|---|---|
| 34 | 创新产出 | 人均专利申报数 | 保留 |
| 35 | | 发明类专利比率2 | |
| 36 | | 发明类专利平均受批时间 | |
| 37 | | 平均专利研发投入 | |
| 38 | | 专利申报率1 | 相关分析删除 |
| 39 | | 专利申报率2 | |
| 40 | | 发明类专利比率1 | |
| 41 | | 实用新型类专利平均受批时间 | |
| 42 | | 外观设计类专利平均受批时间 | |
| 43 | | 专利使用寿命 | 判断后删除 |
| 44 | | 新产品销售收入占总销售收入的比重 | 可观测性删除 |

根据保留的最终结果,建立了研发指数的指标评价体系如图7-2所示(之前研究命名相重合的指标,之前的筛选过程均采用后缀编号的方式处理,筛选过后酌情对保留的变量重新命名)[①]:

图7-2列示了本章设计的公司研发指数的指标体系,该指标体系是在已有研究的基础上,根据指标间的相关关系进行筛选,最终形成的系统性评价指标。方案层指标的计算方法请见附录三。

## 二、熵权法下研发指数指标的客观赋权

根据上文建立的公司研发指数评价指标体系筛选各个指标数据,进行Winsorize处理和无量纲化处理,删除缺失值后的样本,作为本章指数赋权的基础数据。对处理结束后数据的描述性统计如表7-7所示。

---

① 各类指标的符号和计算方法请见附录七"研发指数方案层指标计算方法"。

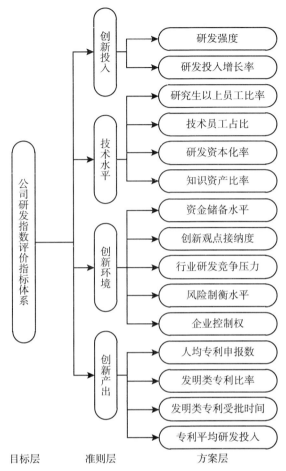

图 7 - 2 公司研发指数评价指标体系示意

表 7 - 7　　　　　　　　　公司研发指数样本描述性统计

| 变量名 | 样本量 | 平均数 | 标准差 | 极小值① | 极大值 |
|---|---|---|---|---|---|
| 研发强度 | 25076 | 0.1278 | 0.1782 | 0.0001 | 1.0001 |
| 研发投入增长率 | 25076 | 0.1049 | 0.1461 | 0.0001 | 1.0001 |
| 研究生以上员工比率 | 25076 | 0.1043 | 0.1767 | 0.0001 | 1.0001 |
| 技术员工占比 | 25076 | 0.2269 | 0.2046 | 0.0001 | 1.0001 |

---

　　① 标准化后的数据在计算熵值时会进行自然对数的运算，为了避免指标为零时出现计算错误，并且尽可能多地保存样本，本章对全体样本数据同时增加 0.0001，相当于对样本整体进行平移。

续表

| 变量名 | 样本量 | 平均数 | 标准差 | 极小值 | 极大值 |
|---|---|---|---|---|---|
| 研发资本化率 | 25076 | 0.1045 | 0.2841 | 0.0001 | 1.0001 |
| 知识资产比率 | 25076 | 0.0643 | 0.1486 | 0.0001 | 1.0001 |
| 资金储备水平 | 25076 | 0.2788 | 0.1480 | 0.0001 | 1.0001 |
| 创新观点接纳度 | 25076 | 0.4734 | 0.1375 | 0.0001 | 1.0001 |
| 行业研发竞争压力 | 25076 | 0.3822 | 0.0978 | 0.0001 | 1.0001 |
| 风险制衡水平 | 25076 | 0.2230 | 0.2141 | 0.0001 | 1.0001 |
| 公司控制权 | 25076 | 0.2699 | 0.1458 | 0.0001 | 1.0001 |
| 人均专利申报数 | 25076 | 0.0916 | 0.1648 | 0.0001 | 1.0001 |
| 发明类专利比率 | 25076 | 0.3019 | 0.3380 | 0.0001 | 1.0001 |
| 发明类专利受批时间 | 25076 | 0.6481 | 0.4511 | 0.0001 | 1.0001 |
| 专利平均研发投入 | 25076 | 0.0659 | 0.1526 | 0.0001 | 1.0001 |

本章最终的研究样本删除了金融类公司。筛选之后的样本涵盖了2007年至2017年的上市公司数据，样本总量为25076个。对该类样本进行熵值赋权，计算公式如式7-3所示：

$$e_i = -\frac{1}{\ln n} \times \sum_{j=1}^{n} V_{ij} \times \ln V_{ij} \qquad （式7-3）$$

其中，$e_i$代表了第i个指标的熵值大小；n代表了第i个指标的观测值数量，在本章中为3752；$V_{ij}$代表了第i个指标的第j个样本的观测值。

$e_i$的取值范围介于[0，1]，反映了第i个指标的差异性大小。$e_i$越接近于1，指标的差异性越低，反之越高。该指标的方差越大，说明涵盖的信息越多，$e_i$的取值就会越小。

对各类指标的熵值计算完毕后，依据熵值对各项指标进行赋权，指标熵权的计算方法如式7-4所示：

$$\omega_i = \frac{1-e_i}{m - \sum_{i=1}^{m} e_i} \qquad （式7-4）$$

其中，$\omega_i$代表了第i个指标的熵权大小；m代表了指标总个数，在本章中为18；$e_i$代表了第i个指标的熵值大小。$e_i$越小，$1-e_i$的值越大，说明对应指标所占的权重越大，对指数的影响越明显。

由式 7 - 4 计算的权重与实际指标数据可以计算出样本的研发指数大小。计算方法如式 7 - 5 所示：

$$\mathrm{RDIndex}_j = \sum_{i=1}^{m} V_{ij} \times \omega_i \qquad （式 7 - 5）$$

其中 $\mathrm{RDIndex}_j$ 代表第 j 个样本的公司研发指数；$\omega_i$ 代表了第 i 个指标的熵权大小；$V_{ij}$ 代表了第 j 个样本第 i 个指标的观测值；m 代表了指标总个数。应用熵值赋权法对指标进行赋权的结果在表 7 - 8 中列示。

表 7 - 8 　　　　　熵值赋权法权重（2007~2017 年）　　　　单位：%

| 目标层 | 准则层 | 权重 | 方案层 | 权重 |
|---|---|---|---|---|
| 企业研发指数 | 创新投入 | 11.28 | 研发强度 | 5.77 |
| | | | 研发投入增长率 | 5.51 |
| | 技术水平 | 18.14 | 研究生以上员工比率 | 4.80 |
| | | | 技术员工占比 | 9.29 |
| | | | 研发资本化率 | 0.77 |
| | | | 知识资产比率 | 3.28 |
| | 创新环境 | 55.30 | 资金储备水平 | 11.48 |
| | | | 创新观点接纳度 | 11.94 |
| | | | 行业研发竞争压力 | 12.66 |
| | | | 风险制衡水平 | 7.98 |
| | | | 公司控制权 | 11.23 |
| | 创新产出 | 15.28 | 人均专利申报数 | 4.41 |
| | | | 发明类专利比率 | 5.39 |
| | | | 发明类专利受批时间 | 2.24 |
| | | | 专利平均研发投入 | 3.24 |

从表 7 - 8 的权重分配情况来看，创新环境和技术水平指标赋予的权重最大，说明该类指标所反映的信息含量更多。从原理上讲，如果将"创新投入"视为研发活动的开端，将"创新产出"视作研发活动的结尾，则

"技术水平"和"创新环境"就是研发活动过程的体现，而这一部分的信息在熵值赋权法中赋予了约73%的权重，说明这一部分在公司研发创新活动中的重要性。

此外，对于创新投入占比较少的问题，可能会引起部分读者的质疑。因为创新活动往往被视为创新产生价值的直接"成因"，且"研发强度"指标是目前最常采用的公司研发水平评价指标。然而，本章构建的研发指数指标体系中，"研发强度"的权重较少，这是否说明"研发强度"这一被普遍采用的评价指标被"忽视"了呢？事实上，赋权较少并不必然代表这一指标没有得到应有的重视。这是因为不同层面的指标之间存在着密不可分的关联，即使这些指标已经经过了相关性筛选。举例来说，研发强度高的公司往往技术水平占优，创新环境更好，创新产出更多。因此，概念层面上的研发投入对公司研发绩效的影响程度要大于指标权重所占的11.28%的比重。然而这一影响程度究竟有多大，无法采用人为手段准确划分，而仅能像本章所采用的类似方法进行估计。本章采用客观赋权法中的熵值法计算指标权重，反映了指标实际的信息含量，避免了主观赋权法带来的偏见，而其中较大的分歧之一恐怕就在于研发强度的赋权大小了。

从管理学的角度讲，较低的创新投入权重和较高的技术水平、创新环境权重有利于公司决策层重视创新环境的营造和技术水平的提高，避免片面强调研发投入水平产生的不利影响。而创新环境和技术水平才是研发投入能够真正产生价值的关键因素。事实上，单纯重视研发投入在过去几年中已经对许多高新技术行业产生了较大的不利影响。以光伏行业为例，"十二五"规划中将我国发展包括太阳能发电在内的新能源行业作为国家重点扶持的领域。"千万屋顶计划"等项目催生出一批致力于太阳能发电的研发与应用研究的公司，相关的研发投入水平也在逐年增长。然而，这类受政策影响刺激产生的研发投入与公司实际的技术能力和创新环境相脱离，造成的后果是太阳能行业严重的产能过剩与产成品发电效率低、技术不过关等问题。更严重的是，太阳能光伏行业的上游产业包含了重金属铝的生产等重污染行业，太阳能电池产量的增加并没有真正起到利用清洁能源保护生态环境的初衷，反而加重了环境的污染与资源的浪费。这就是典型的片面重视投入，而忽略公司创新环境与技术能力所造成的恶果。因此，研发指数的评价指标权重分配更加侧重于技术水平和创新环境，在逻辑上是合理的。

虽然根据信息论，熵权法赋权可以发掘出数据所携带信息的含量，是一种避免人为主观偏差的数据赋权方法。但是由于数据获取渠道、计算方法等限制，并且部分关键信息很难量化，都会使得仅仅依据客观信息赋权的结果有可能偏离经验判断，导致结果出现偏差。因此国内外评价学的赋权技术常采用主客观结合赋权方法，以权衡权重的科学性与合理性。本章也采用了客观熵权法与主观层次分析法相结合的赋权方法。层次分析法赋权的过程将在下一节具体说明。

## 三、层次分析法下研发指数指标的主观赋权

本章采用层次分析法对研发指数指标权重进行主观赋权。本节介绍了主观赋权法的赋权过程。为减弱权威影响，研究小组采用网上邮件的方式对专家进行背靠背式的征询意见，然后再对反馈的结果进行统计。为了向各位专家提供有价值的参考意见，本章进行了两轮问卷调查。第一轮问卷调查首先在一个较大的范围内进行，研究小组利用"问卷星 APP"对高校老师、相关专家及公司、事务所相关岗位人员进行了在线调研，共收回问卷 227 份，全部为有效问卷。之后，研究小组对收回的问卷进行统计，并将统计结果编入第二份调查问卷，作为专家填写的参考。第二轮调查问卷只针对相关专家发放，其中高校相关领域专家 7 人，公司相关岗位高管 7 人。这样的发放方式也是希望综合考虑学界与业界观点，形成具有代表性和普适性的研发指数权重。最后，通过对回收的 14 份调查问卷进行统计分析和一致性检验，得到最终的主观权重。

### （一）初步测试：第一轮问卷调查

根据前文对于研发指数指标的筛选，研究小组最终形成了《公司研发

指数调查问卷》。该问卷分为两个部分。

第一部分为被调查对象的基本信息。主要包括被调查对象的性别、年龄、受教育程度、工作单位类别和工作年限等 5 个方面内容。本节计划根据这 5 类影响因素，研究其对指标影响程度是否产生影响。

第二部分则是各类影响公司研发综合能力的影响因素。得出初步测试的问卷格式请见附录一。

## 1. 问卷数据录入方法

本节设计的问卷分为两个主要部分，在录入问卷结果时也按照两部分分别编码录入。其中，第一部分为基础资料部分，共五个问题，以 A1 – A5 进行编码；第二部分为调查问题部分，共 22 题，以 B1 – B22 进行编码。

第一部分的五个问题相对应的编码录入规制如下：

（1）性别："男" =1，"女" =2；

（2）年龄："21 ~ 30 岁" =1，"31 – 40 岁" =2，"41 – 50 岁" =3，"51 岁以上" =4；

（3）教育程度："高中或以下" =1，"大专或本科" =2，"硕士" =3，"博士及以上" =4；

（4）工作单位类别："公司" =1，"高校" =2，"研究机构" =3，"政府机关" =4，"事务所" =5，"其他" =6；

（5）工作年限："一年及以下" =1，"2 – 4 年" =2，"5 – 9 年" =3，"10 年及以上" =4；

本节设计问卷的第二部分为主要调查问题部分，设计采用利克特的五点量表法，依照不同的满意程度打分："完全不重要" =2，"比较不重要" =4，"一般重要" =6，"比较重要" =8，"非常重要" =10。[①] 因为进行因子分析时要考虑问题的不同方向，所以在设计题目时全部设计为正向问题，这样就不涉及问题结果的反转问题。

---

① 为了与后文萨蒂教授的比例九标度法相匹配，此处将五点量表法的分值均乘 2。

**2. 数据统计分析方法**

本节的数据统计主要应用 STATA 软件进行，并辅以 EXCEL 软件对数据进行整理。具体的操作步骤包括：

（1）描述性统计分析。

描述性统计分析是统计分析的基础。本节主要针对问卷的两个部分分别进行描述性统计。对于第一部分，主要关注各个人口统计变量的频数分别规律；对于第二部分，主要关注各个问题项目的平均值、方差等描述性统计指标。

（2）问卷的信度检验。

问卷的信度检验主要通过检测问卷的 Cranbach'α 系数，即内部一致性系数。这一检验方法是目前问卷调查最常用的信度检验方法。α 系数值越高，说明问卷题目的内部一致性越强，调查结果越可信。一般来讲，总体项目的 α 系数在 0.8 以上为最优，0.7 ~ 0.8 之间均可以接受；各个分项目的 α 系数在 0.7 以上为最优，0.6 ~ 0.7 之间可以接受。如果 α 系数在 0.6 以下，说明问卷的内部一致性存在问题，问卷信度不高，这时需要重新设计问卷。

**3. 问卷统计分析**

（1）样本描述性特征。

本次调查问卷的调查对象基本特征如表 7 - 9 所示。

表 7 - 9　　　　　　　　　　　　样本分布频率表

| 变量 | 类别 | 频率 | 百分比（％） |
|---|---|---|---|
| 性别 | 男 | 106 | 46.70 |
| | 女 | 121 | 53.30 |
| 年龄 | 21 ~ 30 岁 | 95 | 41.85 |
| | 31 ~ 40 岁 | 55 | 24.23 |
| | 41 ~ 50 岁 | 41 | 18.06 |
| | 51 岁及以上 | 36 | 15.86 |

| 变量 | 类别 | 频率 | 百分比（%） |
|------|------|------|------------|
| 教育程度 | 高中及以下 | 0 | 0.00 |
| | 本科或大专 | 78 | 34.36 |
| | 硕士 | 114 | 50.22 |
| | 博士及以上 | 35 | 15.42 |
| 工作单位类别 | 公司 | 95 | 41.85 |
| | 高校 | 79 | 34.80 |
| | 研究机构 | 1 | 0.44 |
| | 政府机关 | 8 | 3.52 |
| | 事务所 | 24 | 10.57 |
| | 其他 | 20 | 8.81 |
| 工作年限 | 1 年及以下 | 58 | 25.55 |
| | 2~4 年 | 25 | 11.01 |
| | 5~9 年 | 35 | 15.42 |
| | 10 年及以上 | 109 | 48.02 |

根据表 7-9 的数据显示，本次调查问卷涉及的 227 人中，男性人数为 106 人，占比 46.70%，女性人数 121 人，占比 53.30%，男女比例基本均衡。这样的分布特点保证了调查问卷的分析结果不会因为性别的差异而出现较大偏差。

从年龄上看，调查问卷的主体人群主要分布在 21~40 岁，为 150 人，占样本总数的 66.80%，说明调查的对象以中青年为骨干主体。青年人更加富有创新思维和变革意识，对公司研发创新活动的理解能力更强，因此这类人群的意见与看法与研发指数反映的精神相契合，调查群体的年龄结构是合理的。

学历的分布情况显示，调查对象的学历均为本科以上，其中研究生以上学历 149 人，占样本总数的 65.64%。这显示了调查对象学历水平较高。高学历人群具有更高的学识与评价能力，对于公司研发行为的理解也更深刻。这一特点也会增加调查问卷的说服力。

从调查样本工作单位类别的分布来看，人员聚集最多的是公司，共95人，占样本总数的41.85%。公司人员因其工作性质的特点，对公司研发实践的敏感性较强，理解也更现实，具有较强的代表性。高校人员共79人，占样本总量的34.80%。高校人员往往具有较高的学术素养，对公司研发的理论理解更深刻，他们的意见也非常重要。

从工作年限分布上看，63.44%的调查对象工作年限都在5年以上。其中工作年限为5～9年的有35人，占总样本的15.42%，10年以上的有109人，占总样本的48.02%。工作时间更长的人员对公司研发活动以及相关的绩效评价更加熟悉，也具备更成熟的看法。本次调查应重点关注这类人群的评价情况。

（2）指标描述性分析。

表 7 - 10　　　　　　　　　研发指数影响因素描述性统计

| 题目 | 平均分 | 标准差 | 题目 | 平均分 | 标准差 |
| --- | --- | --- | --- | --- | --- |
| B1 | 7.58 | 1.52 | B12 | 6.78 | 1.83 |
| B2 | 7.68 | 1.67 | B13 | 6.84 | 1.79 |
| B3 | 7.63 | 1.51 | B14 | 6.38 | 1.86 |
| B4 | 7.23 | 1.52 | B15 | 7.28 | 1.67 |
| B5 | 6.68 | 1.63 | B16 | 7.55 | 1.46 |
| B6 | 6.16 | 1.90 | B17 | 7.25 | 1.57 |
| B7 | 6.56 | 1.98 | B18 | 7.43 | 1.50 |
| B8 | 7.47 | 1.68 | B19 | 6.95 | 1.72 |
| B9 | 7.19 | 1.61 | B20 | 6.81 | 1.71 |
| B10 | 6.54 | 2.04 | B21 | 7.11 | 1.47 |
| B11 | 6.54 | 1.98 | B22 | 6.76 | 1.65 |

表7-10显示了第一次调查问卷22项题目的调查结果平均值与标准差。根据以上数据不难计算出本次调查问卷总体平均得分为6.91。这一均值在"一般重要"与"比较重要"的评价之间，说明调查对象对本问卷提出的各个影响因素的重要性在总体层面上是认可的。

评分最高的前三项包括：B16 题"公司研发资金投入水平对研发绩效的影响"，均分 7.55 分；B8 题"公司高层对不同意见的包容程度对研发绩效的影响"，均分 7.47 分；B18 题"公司研发投入转化为科研成果的孵化能力（研发费用资本化率）对研发绩效的影响"，均分 7.43 分。评分最低的前三项包括：B6 题"公司融资成本（进行借款贷款等融资行为发生的全部费用）对研发绩效的影响"，均分 6.16 分；B14 题"公司的规模以及在行业中所占份额对研发绩效的影响"，均分 6.38 分；B11 题"公司大股东控制力对研发绩效的影响"，均分 6.54 分。

初步来看，评分最高的三项中，第一项研发投入是目前最公认的评价公司研发水平的指标，调查结果也符合这一结论；第二项包容度体现了创新环境的作用；第三项孵化能力则强调了技术水平的重要性。评分较低的三项中被公认最不重要的影响因素是融资成本，考虑到许多公司的研发投入都采用内部融资的方式，可以理解这一因素的影响不被认为很大；公司规模和股东控制力等两因素在调查中也不被认为具有较大影响。当然，最终的结果还需要进一步的分析判断。

（3）问卷信度分析。

对于问卷信度最常用的分析方法即计算问卷的内部一致性水平——Cranbach'α 系数。利用 STATA 软件计算 α 系数，输入命令 alpha b1 – b22，asis。加入选项 asis 是因为问卷的初始设计各类题目的选项方向是一致的，因此不允许 STATA 自动对问题进行反转。计算求得问卷的 α 系数为 0.9051，明显高于 0.8。这说明调查问卷的信度很理想，符合内部一致性要求，可以接受。

## （二）进一步分析：层次分析法调查

### 1. 构建层次结构模型图

层次结构模型图由上至下依次为目标层、准则层和方案层。这一步骤在上文指标筛选的过程中已经完成，图 7 – 2 即为构建完成的结构模型图。其中，目标层为研发指数，准则层为四个一级指标（创新投入、技术水平、创新环境和创新产出），方案层为十五个二级指标。

## 2. 确定判别矩阵

根据萨蒂（Saaty）教授提出的比例九标度法，研究小组向专家发放了问卷，对各指标重要性进行评分。综合每位专家评分意见，本节得出了各层指标重要性的判别矩阵。层次分析法的调查问卷格式请见附录二。表 7 – 11 显示了研发指数评价因子判断矩阵，表 7 – 12 ~ 表 7 – 15 分别显示了创新投入、技术水平、创新环境和创新产出的判断矩阵。

表 7 – 11　　　　　　　　研发指数评价因子判断矩阵

| 维度 | 创新投入 | 技术水平 | 创新环境 | 创新产出 |
|---|---|---|---|---|
| 创新投入 | 1.000 | 1.516 | 1.394 | 0.824 |
| 技术水平 | 0.659 | 1.000 | 1.480 | 1.062 |
| 创新环境 | 0.718 | 0.675 | 1.000 | 0.546 |
| 创新产出 | 1.214 | 0.941 | 1.830 | 1.000 |

表 7 – 12　　　　　　　　创新投入评价因子判断矩阵

| 维度 | 研发强度 | 研发投入增长率 |
|---|---|---|
| 研发强度 | 1.000 | 3.150 |
| 研发投入增长率 | 0.318 | 1.000 |

表 7 – 13　　　　　　　　技术水平评价因子判断矩阵

| 维度 | 研究生以上员工比率 | 技术员工占比 | 研发资本化率 | 知识资产比率 |
|---|---|---|---|---|
| 研究生以上员工比率 | 1.000 | 1.601 | 0.800 | 0.540 |
| 技术员工占比 | 0.624 | 1.000 | 0.524 | 0.404 |
| 研发资本化率 | 1.250 | 1.910 | 1.000 | 0.897 |
| 知识资产比率 | 1.853 | 2.475 | 1.115 | 1.000 |

表 7 – 14                         创新环境评价因子判断矩阵

| 维度 | 资金储备水平 | 创新观点接纳度 | 行业研发竞争压力 | 风险制衡水平 | 公司控制权 |
|---|---|---|---|---|---|
| 资金储备水平 | 1.000 | 5.458 | 3.620 | 2.400 | 1.220 |
| 创新观点接纳度 | 0.183 | 1.000 | 0.752 | 1.000 | 0.467 |
| 行业研发竞争压力 | 0.276 | 1.000 | 1.000 | 0.891 | 0.451 |
| 风险制衡水平 | 0.417 | 1.000 | 1.122 | 1.000 | 0.406 |
| 公司控制权 | 0.82 | 1.00 | 2.22 | 2.460 | 1.00 |

表 7 – 15                         创新产出评价因子判断矩阵

| 维度 | 人均专利申报数 | 发明类专利比率 | 发明类专利受批时间 | 专利平均研发投入 |
|---|---|---|---|---|
| 人均专利申报数 | 1.000 | 0.371 | 0.424 | 0.371 |
| 发明类专利比率 | 2.694 | 1.000 | 1.089 | 2.193 |
| 发明类专利受批时间 | 2.359 | 0.918 | 1.000 | 1.328 |
| 专利平均研发投入 | 2.692 | 0.456 | 0.753 | 1.000 |

### 3. 一致性检验

一致性检验是为了检验各因素重要度之间的协调性，避免出现 A 比 B 重要，B 比 C 重要，而 C 又比 A 重要这样逻辑矛盾的情况。检验方法为：首先计算 n 阶正互反阵一致性指标 CI( consistency index ) = $(\lambda_{max} - n)/(n - 1)$，其中 $\lambda_{max}$ 为矩阵的最大特征根；其次，根据 Saaty 的矩阵标度查找平均随机一致性指标 RI；计算一致性比例 CR = CI/RI，当 CR < 0.1 时，认为判断矩阵的一致性是可以接受的，否则应对判断矩阵进行适当修正。

通过计算各判别矩阵所有特征值、最大特征值和特征向量，对整体进行一致性检验；由上至下逐层计算，将计算得到的权向量进行一致性检验，得出整体权向量综合排序，确定各指标的权重 $W_{ci}$。同时，本节为了增强分析结果的稳定性，将 14 位专家依照来自公司和高校分为两组，分别验证了两组调查问卷的一致性。结果显示，不论是整体还是两组子样本，均通过了维度的一致性检验和层次整体一致性检验。这说明本次调查问卷的数据一致性较好，分析结论可信。

表 7 – 16 显示了总体一致性评价的结果，表 7 – 17、7 – 18 则分别显示了公司与高校两组专家各自的一致性检验结果。其中 A 为准则层一致性检验，$B_1$ – $B_4$ 为四个准则层指标在方案层的一致性检验，W 代表权重。

表 7 – 16　　　　　　　总体评价因子判断矩阵系数及一致性检验

| | A | $B_1$ | $B_2$ | $B_3$ | $B_4$ |
|---|---|---|---|---|---|
| $W_1$ | 0.282 | 0.214 | 0.053 | 0.068 | 0.033 |
| $W_2$ | 0.247 | 0.068 | 0.035 | 0.018 | 0.108 |
| $W_3$ | 0.177 | — | 0.071 | 0.048 | 0.088 |
| $W_4$ | 0.295 | — | 0.088 | 0.021 | 0.066 |
| $W_5$ | — | — | — | 0.022 | — |
| $\lambda_{MAX}$ | 4.047 | 2.000 | 4.009 | 5.072 | 4.061 |
| CI | 0.016 | 0.000 | 0.003 | 0.018 | 0.020 |
| CR | 0.018 | 0.000 | 0.003 | 0.016 | 0.022 |
| 一致性检验 | 通过 | 通过 | 通过 | 通过 | 通过 |
| $CI_总$ | 0.010 | | | | |
| $CR_总$ | 0.015 | | | | |
| 层次总一致性检验 | | | 通过 | | |

表 7 – 17　　　　公司专家评价因子判断矩阵系数及一致性检验

| | A | $B_1$ | $B_2$ | $B_3$ | $B_4$ |
|---|---|---|---|---|---|
| $W_1$ | 0.485 | 0.359 | 0.043 | 0.071 | 0.031 |
| $W_2$ | 0.147 | 0.126 | 0.020 | 0.011 | 0.045 |
| $W_3$ | 0.129 | — | 0.034 | 0.028 | 0.087 |
| $W_4$ | 0.237 | — | 0.050 | 0.009 | 0.074 |
| $W_5$ | — | — | — | 0.010 | — |
| $\lambda_{MAX}$ | 4.071 | 2.000 | 4.103 | 5.112 | 4.076 |

|  | A | $B_1$ | $B_2$ | $B_3$ | $B_4$ |
|---|---|---|---|---|---|
| CI | 0.024 | 0.000 | 0.034 | 0.028 | 0.025 |
| CR | 0.027 | 0.000 | 0.038 | 0.025 | 0.028 |
| 一致性检验 | 通过 | 通过 | 通过 | 通过 | 通过 |
| $CI_总$ | 0.015 | | | | |
| $CR_总$ | 0.030 | | | | |
| 层次总一致性检验 | | | 通过 | | |

表 7 – 18　　　　高校专家评价因子判断矩阵系数及一致性检验

|  | A | $B_1$ | $B_2$ | $B_3$ | $B_4$ |
|---|---|---|---|---|---|
| $W_1$ | 0.138 | 0.107 | 0.054 | 0.050 | 0.025 |
| $W_2$ | 0.351 | 0.031 | 0.051 | 0.020 | 0.180 |
| $W_3$ | 0.203 | — | 0.119 | 0.061 | 0.062 |
| $W_4$ | 0.308 | — | 0.127 | 0.035 | 0.041 |
| $W_5$ | — | — | — | 0.037 | — |
| $\lambda_{MAX}$ | 4.049 | 2.000 | 4.224 | 5.405 | 4.054 |
| CI | 0.016 | 0.000 | 0.075 | 0.101 | 0.018 |
| CR | 0.018 | 0.000 | 0.083 | 0.090 | 0.020 |
| 一致性检验 | 通过 | 通过 | 通过 | 通过 | 通过 |
| $CI_总$ | 0.052 | | | | |
| $CR_总$ | 0.063 | | | | |
| 层次总一致性检验 | | | 通过 | | |

## （三）结论：主观分析法权重

本节对层次分析法权重向量的计算采用几何平均法。由于不论高校专家、公司专家还是专家整体打分均通过了一致性检验，说明层次分析法的结果具有较强的一致性。表 7 – 19 给出了层次分析法下各指标的权重结果。

表 7-19　　　　　　　　　　层次分析法研发指数权重

| 研发指数（主观） | 创新投入 | 28.1% | 研发强度 | 21.3% |
|---|---|---|---|---|
| | | | 研发投入增长率 | 6.8% |
| | 技术水平 | 24.7% | 研究生以上员工比率 | 5.3% |
| | | | 技术员工占比 | 3.5% |
| | | | 研发资本化率 | 7.1% |
| | | | 知识资产比率 | 8.8% |
| | 创新环境 | 17.7% | 资金储备水平 | 6.8% |
| | | | 创新观点接纳度 | 1.8% |
| | | | 行业研发竞争压力 | 2.1% |
| | | | 风险制衡水平 | 2.2% |
| | | | 公司控制权 | 4.8% |
| | 创新产出 | 29.5% | 人均专利申报数 | 3.3% |
| | | | 发明类专利比率 | 10.8% |
| | | | 发明类专利受批时间 | 8.8% |
| | | | 专利平均研发投入 | 6.6% |

层次分析法得出的主观权重与上文的客观权重存在较大差异。主观法下，创新环境的影响反而成为权重最低的因素，而创新产出分配的权重则最高。主观赋权法各维度赋权相对更加均衡。在 15 项方案层要素中，研发投入强度以 21.3% 的权重成为最被专家认可的影响因素。

## 四、研发指数综合权重的确定方法

主观经验与客观数据所得权重往往存在差异，将主客观权重进行叠加意味着一种权衡，得到的组合权重应介于主观权重与客观权重之间。为了缓解专家经验不足或判断有误导致的主观偏差，同时减少数据不完全或脱离实际所产生的客观偏差，本节采用等权重方法将主客观结果进行叠加（苑泽明等，2015），即将主观法与客观法权重求算术平均数的方式，取得综合权重。

最终，将以上市公司 2007～2017 年年报数据为基础的熵值法权重和以层次分析法求得的主观权重相结合，本节确定了研发指数综合权重如表 7 - 20 所示。

表 7 - 20　　　　　　　　　　研发指数综合权重

| 研发指数（综合） | 创新投入 | 19.7% | 研发强度 | 13.5% |
|---|---|---|---|---|
| | | | 研发投入增长率 | 6.2% |
| | 技术水平 | 21.4% | 研究生以上员工比率 | 5.1% |
| | | | 技术员工占比 | 6.4% |
| | | | 研发资本化率 | 3.9% |
| | | | 知识资产比率 | 6.0% |
| | 创新环境 | 36.5% | 资金储备水平 | 9.4% |
| | | | 创新观点接纳度 | 7.2% |
| | | | 行业研发竞争压力 | 8.1% |
| | | | 风险制衡水平 | 5.0% |
| | | | 公司控制权 | 6.7% |
| | 创新产出 | 22.4% | 人均专利申报数 | 3.9% |
| | | | 发明类专利比率 | 8.1% |
| | | | 发明类专利受批时间 | 5.5% |
| | | | 专利平均研发投入 | 4.9% |

# 本 篇 小 结

本章主要阐述了公司研发指数的构建流程。首先，本章列举了几类相关指数的设计方案，包括无形资产指数、创意指数、中关村指数、中国创新指数、专利指数等，对于各类指数的指标选取与适用范围进行了评述。在此基础上，提出了设计公司研发指数的主要原则，包括系统性原则、可靠性原则、相关性原则、可比性原则和稳健性原则。

在指数的实际构建环节，本章首先利用现金流量折现模型建立了研发价值创造模型，并通过模型解释了公司研发创造价值的主要影响方面。之后通过理论分析总结了影响创新价值的四个维度，分别是：创新投入、技术水平、创新环境和创新产出。之后，本章通过阅读文献和借鉴相关指数的方式海选出 47 项指标，并通过可获得性判断、相关性检验、主成分分析和理性判断等方式对海选出的指标进行筛选，最终形成了 4 个维度共 15 项指标的评价体系。最后，本章利用熵值赋权法和层次分析法对指标体系进行了主客观结合的赋权，选择的样本为 2007～2017 年我国上市公司数据。本章基本完成了公司研发指数的构建过程。下一篇将对指数的信度、效度进行检验。

第四篇

# 研发指数的检验

指数的检验是指数构建研究的重点环节。本书构建的公司研发指数是反映公司一定时期内研发活动价值创造综合能力的指标。指数信息是否能够反映这一经济内涵，是本篇章重点探寻的问题。本篇章将从公司研发指数的信度（稳定性）和效度（相关系）两个方面着手验证公司研发指数，其中信度检验主要包括：研发指数权重设定的稳定性、研发指数基年选择的稳定性；效度检验主要包括：样本代表性的判断、公司研发指数对高新技术公司的说明力判断、公司研发指数对公司价值的说明力判断、公司研发指数对公司成长性的说明力判断、典型案例说明力判断等。

# 第八章

# 研发指数的信度检验

本章主要检验研发指数赋予权重的可信程度。指数设定方法和指标体系确立后，指数的信度主要表现在指标权重的稳定性程度。如果指标权重随样本公司选择的不同、时间的变迁，权重出现显著波动，则这种指数的构建是不稳定的，信度也会降低。由于主观赋权法已经通过了一致性检验，证明权重的信度可靠，因此本章重点验证客观赋权法下公司研发指数信度的检验。

对于研发指数权重设定的稳定性判断，本章通过逐年增加样本的方法，测算每扩大样本选择的时间范围后，样本指数平均得分的变动幅度。如样本指数的平均得分随样本的增加出现较大的波动，则样本指标权重是不稳定的；如样本指数的平均得分随样本的增加逐渐趋于平稳，则样本指标权重是相对稳定和可信的。

对于研发指数基年选择的稳定性判断，本章通过改变样本选择的基础年份，评估不同年份的研发指数权重是否出现显著差异，从而评价指标权重的分配稳定性问题。

## 一、权重设定的稳定性判断

本章从基年（2007）开始，逐年增加样本量，求得以增加年份组成的新样本为基础计算的研发指数权重数据如表 8 - 1 所示。

表 8 - 1                 截至对应年份的样本研发指数客观权重             单位：%

| 截至年份 | 2007 | 2008 | 2009 | 2010 | 2011 | 2012 | 2013 | 2014 | 2015 | 2016 | 2017 |
|---|---|---|---|---|---|---|---|---|---|---|---|
| 研发强度 | 2.04 | 2.44 | 2.92 | 3.70 | 4.31 | 4.74 | 5.02 | 5.21 | 5.42 | 5.66 | 5.77 |
| 研发投入增长率 | 1.71 | 1.74 | 2.02 | 2.18 | 2.83 | 2.87 | 3.81 | 4.43 | 4.75 | 5.08 | 5.51 |
| 研究生以上员工比率 | 4.57 | 4.65 | 4.76 | 4.75 | 4.77 | 4.73 | 4.71 | 4.69 | 4.74 | 4.78 | 4.80 |
| 技术员工占比 | 10.56 | 10.42 | 10.16 | 10.05 | 10.04 | 9.85 | 9.73 | 9.55 | 9.48 | 9.41 | 9.29 |
| 研发资本化率 | 0.00 | 0.13 | 0.26 | 0.39 | 0.50 | 0.61 | 0.70 | 0.76 | 0.83 | 0.89 | 0.77 |
| 知识资产比率 | 3.17 | 2.95 | 2.77 | 2.68 | 2.60 | 2.60 | 2.63 | 2.66 | 2.74 | 2.80 | 3.28 |
| 资金储备水平 | 13.74 | 13.69 | 13.54 | 13.18 | 12.97 | 12.69 | 12.53 | 12.31 | 12.21 | 12.10 | 11.94 |
| 创新观点接纳度 | 15.05 | 14.79 | 14.48 | 14.20 | 14.08 | 13.76 | 13.51 | 13.19 | 13.03 | 12.87 | 12.66 |
| 行业研发竞争压力 | 14.52 | 13.48 | 13.19 | 12.82 | 12.58 | 12.31 | 12.09 | 11.85 | 11.74 | 11.64 | 11.48 |
| 风险制衡水平 | 13.74 | 13.74 | 13.17 | 12.48 | 10.63 | 10.55 | 9.55 | 9.56 | 8.94 | 8.41 | 7.99 |
| 公司控制权 | 13.14 | 13.05 | 12.82 | 12.59 | 12.50 | 12.21 | 11.98 | 11.69 | 11.55 | 11.41 | 11.23 |
| 人均专利申报数 | 2.72 | 3.07 | 3.22 | 3.54 | 3.81 | 4.04 | 4.23 | 4.29 | 4.36 | 4.40 | 4.41 |
| 发明类专利比率 | 2.94 | 3.39 | 3.69 | 3.96 | 4.38 | 4.67 | 4.87 | 4.97 | 5.12 | 5.22 | 5.39 |
| 发明类专利受批时间 | 0.84 | 0.99 | 1.15 | 1.23 | 1.41 | 1.60 | 1.75 | 1.86 | 2.02 | 2.16 | 2.24 |
| 专利平均研发投入 | 1.28 | 1.47 | 1.86 | 2.25 | 2.60 | 2.77 | 2.89 | 2.97 | 3.07 | 3.16 | 3.24 |

    图 8 - 1～图 8 - 4 分别按创新投入、技术水平、创新环境、创新产出等四个层面将截至各对应年份的指标权重变动趋势以图样的形式加以表现。从图中的变动趋势可以看出，技术水平指标随样本量扩大表现出趋于平稳的变动趋势；创新投入和创新产出权重有缓慢增长的趋势，而创新环境权重指标则呈现缓慢回落趋势。这说明随时间增长，创新投入和创新产出样本的信息含量更高，熵值也随之上升。事实上，随着市场重视程度的增强和监管力度的加大，公司披露研发投入和产出信息的数量和质量均不断提升，这一点本书在指数的数据基础中有详细阐述。由此不难理解上述指标随时间推移产生的权重变动。

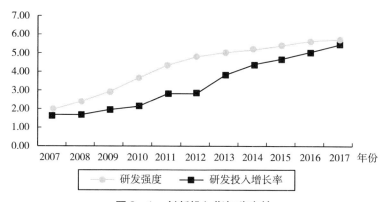

图 8 - 1　创新投入指标稳定性

图 8 - 2　技术水平指标权重波动示意

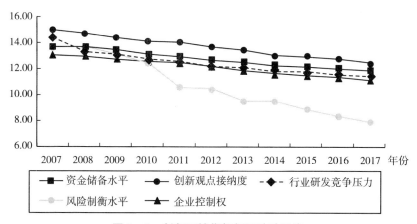

图 8 - 3　创新环境指标权重波动示意

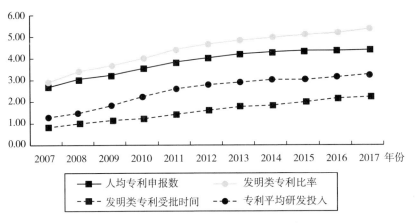

图 8 - 4　创新产出指标权重波动示意

　　继续对各年份权重的差异进行统计学意义上的分析，即对各年份做配对 T 检验。T 检验结果如表 8 - 2 所示。

表 8 - 2　　　　　　　　　　样本年份跨度差异配对 T 检验 T 值

| 年份 | 2007 | 2008 | 2009 | 2010 | 2011 | 2012 | 2013 | 2014 | 2015 | 2016 | 2017 |
|---|---|---|---|---|---|---|---|---|---|---|---|
| 2007 | — | 0.014 | 0.004 | 0.006 | 0.002 | 0.003 | 0.003 | 0.004 | 0.002 | 0.003 | 0.002 |
| 2008 | - 0.014 | — | - 0.008 | 0.000 | - 0.002 | 0.000 | 0.000 | 0.001 | 0.000 | 0.001 | 0.000 |
| 2009 | - 0.004 | 0.008 | — | 0.007 | 0.000 | 0.002 | 0.002 | 0.003 | 0.001 | 0.003 | 0.001 |
| 2010 | - 0.006 | 0.000 | - 0.007 | — | - 0.004 | 0.000 | 0.000 | 0.002 | 0.000 | 0.002 | 0.000 |
| 2011 | - 0.002 | 0.002 | 0.000 | 0.004 | — | 0.011 | 0.005 | 0.007 | 0.003 | 0.005 | 0.002 |
| 2012 | - 0.003 | 0.000 | - 0.002 | 0.000 | - 0.011 | — | 0.000 | 0.004 | 0.000 | 0.003 | 0.000 |
| 2013 | - 0.003 | 0.000 | - 0.002 | 0.000 | - 0.005 | 0.000 | — | 0.011 | 0.000 | 0.004 | 0.000 |
| 2014 | - 0.004 | - 0.001 | - 0.003 | - 0.002 | - 0.007 | - 0.004 | - 0.011 | — | - 0.012 | 0.000 | - 0.004 |
| 2015 | - 0.002 | 0.000 | - 0.001 | 0.000 | - 0.003 | 0.000 | 0.000 | 0.012 | — | 0.013 | 0.000 |
| 2016 | - 0.003 | - 0.001 | - 0.003 | - 0.002 | - 0.005 | - 0.003 | - 0.004 | 0.000 | - 0.013 | — | - 0.011 |
| 2017 | - 0.002 | 0.000 | - 0.001 | 0.000 | - 0.002 | 0.000 | 0.000 | 0.004 | 0.000 | 0.011 | — |

　　表 8 - 2 的结果显示，任何两个截至年份权重配对的结果均不显著，即任意两个截至年份的权重结果不存在统计意义上的差异。这证明了样本时间

跨度的选择不会显著影响到指数权重的分配。

## 二、基年选择的稳定性判断

本章计算研发指数以 2007 年作为计算基年。这样选择的理由是：2007年 1 月企业新会计准则开始正式实施，此后上市公司开始规范地披露公司研发投入信息。2007 年前这一数据是无法可靠获取的，不能满足指数设定的可靠性原则。同时，其他可获取的会计信息也会因为适用准则不同，产生跨期间的数据可比性降低的问题，与指数设定的可比性原则相冲突。另一方面，本章的研究希望尽可能多地保留实验样本，因此以 2007 年为开端，对样本数据进行收集和处理。

然而，2007 年作为计算基年是否会对指数权重造成影响？本章将选择其他年份作为基年对此进行验证。本章的具体验证方法是：分别以 2008 ~ 2017 年作为基年，计算各样本的研发指数权重，再通过比较分析，判断基年的选择是否对样本权重产生影响。各年份的计算结果如表 8 - 3 所示。

表 8 - 3　　　　　　不同基年选择下公司研发指数客观权重　　　　单位：%

| 起始年份 | 2007 | 2008 | 2009 | 2010 | 2011 | 2012 | 2013 | 2014 | 2015 | 2016 | 2017 |
|---|---|---|---|---|---|---|---|---|---|---|---|
| 研发强度 | 5.77 | 5.96 | 6.14 | 6.32 | 6.41 | 6.46 | 6.50 | 6.56 | 6.70 | 6.75 | 6.50 |
| 研发投入增长率 | 5.51 | 5.70 | 5.94 | 6.18 | 6.54 | 6.77 | 7.38 | 7.31 | 7.31 | 7.68 | 8.34 |
| 研究生以上员工比率 | 4.80 | 4.81 | 4.82 | 4.81 | 4.81 | 4.81 | 4.84 | 4.89 | 4.98 | 4.95 | 4.90 |
| 技术员工占比 | 9.29 | 9.23 | 9.16 | 9.12 | 9.06 | 8.94 | 8.89 | 8.83 | 8.86 | 8.76 | 8.52 |
| 研发资本化率 | 0.77 | 0.80 | 0.83 | 0.86 | 0.88 | 0.88 | 0.87 | 0.83 | 0.76 | 0.56 | -0.10 |
| 知识资产比率 | 3.28 | 3.28 | 3.31 | 3.37 | 3.45 | 3.59 | 3.75 | 3.95 | 4.28 | 4.77 | 6.34 |
| 资金储备水平 | 11.94 | 11.86 | 11.76 | 11.64 | 11.57 | 11.47 | 11.43 | 11.34 | 11.36 | 11.23 | 10.96 |
| 创新观点接纳度 | 12.66 | 12.55 | 12.44 | 12.33 | 12.20 | 12.01 | 11.90 | 11.79 | 11.81 | 11.68 | 11.39 |
| 行业研发竞争压力 | 11.48 | 11.33 | 11.26 | 11.16 | 11.07 | 10.97 | 10.90 | 10.85 | 10.87 | 10.75 | 10.47 |

续表

| 起始年份 | 2007 | 2008 | 2009 | 2010 | 2011 | 2012 | 2013 | 2014 | 2015 | 2016 | 2017 |
|---|---|---|---|---|---|---|---|---|---|---|---|
| 风险制衡水平 | 7.99 | 7.69 | 7.34 | 6.99 | 6.59 | 6.74 | 6.17 | 6.33 | 5.36 | 5.28 | 5.17 |
| 公司控制权 | 11.23 | 11.14 | 11.03 | 10.93 | 10.82 | 10.64 | 10.55 | 10.46 | 10.49 | 10.35 | 10.08 |
| 人均专利申报数 | 4.41 | 4.49 | 4.56 | 4.64 | 4.68 | 4.69 | 4.67 | 4.60 | 4.59 | 4.55 | 4.47 |
| 发明类专利比率 | 5.39 | 5.52 | 5.62 | 5.72 | 5.84 | 5.87 | 5.90 | 5.94 | 6.10 | 6.17 | 6.52 |
| 发明类专利受批时间 | 2.24 | 2.30 | 2.37 | 2.44 | 2.54 | 2.62 | 2.68 | 2.73 | 2.85 | 2.83 | 2.70 |
| 专利平均研发投入 | 3.24 | 3.33 | 3.43 | 3.50 | 3.54 | 3.53 | 3.56 | 3.59 | 3.67 | 3.69 | 3.72 |

图 8-5 反映了表 8-3 计算的各个基年指标的差异情况:

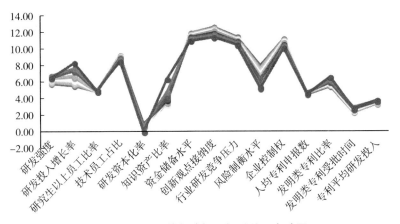

图 8-5 不同基年选择下权重差异变动图

由图 8-5 可以较为形象地观察到,除"研发投入增长率""知识资产比率"和"风险制衡水平"指标因为基年选择的不同出现较为明显的变动外,其他指标几乎趋于一致,并不因为基年选择的差异而产生差异。

继续对各年份进行统计学意义上的检验,即对不同基年选择的研发指数权重进行配对 T 检验。结果如表 8-4 所示。基本的计算方法和验证思路与上文跨年份验证的思路一致。

表8-4                               样本基年选择差异配对 T 检验 T 值

| 年份 | 2007 | 2008 | 2009 | 2010 | 2011 | 2012 | 2013 | 2014 | 2015 | 2016 | 2017 |
|------|------|------|------|------|------|------|------|------|------|------|------|
| 2007 | — | 0.019 | -0.009 | -0.006 | 0.000 | 0.004 | 0.003 | 0.000 | 0.003 | 0.000 | 0.003 |
| 2008 | 0.019 | — | -0.036 | -0.018 | -0.006 | 0.000 | 0.000 | -0.004 | 0.000 | -0.002 | 0.002 |
| 2009 | -0.009 | -0.036 | — | 0.000 | 0.009 | 0.014 | 0.009 | 0.004 | 0.007 | 0.003 | 0.006 |
| 2010 | -0.006 | -0.018 | 0.000 | — | 0.016 | 0.021 | 0.011 | 0.006 | 0.008 | 0.003 | 0.006 |
| 2011 | 0.000 | -0.006 | 0.009 | 0.016 | — | 0.021 | 0.009 | 0.000 | 0.005 | 0.000 | 0.005 |
| 2012 | 0.004 | 0.000 | 0.014 | 0.021 | 0.021 | — | 0.000 | -0.011 | 0.000 | -0.004 | 0.003 |
| 2013 | 0.003 | 0.000 | 0.009 | 0.011 | 0.009 | 0.000 | — | -0.028 | 0.000 | -0.006 | 0.003 |
| 2014 | 0.000 | -0.004 | 0.004 | 0.006 | 0.000 | -0.011 | -0.028 | — | 0.009 | 0.000 | 0.006 |
| 2015 | 0.003 | 0.000 | 0.007 | 0.008 | 0.005 | 0.000 | 0.000 | 0.009 | — | -0.014 | 0.004 |
| 2016 | 0.000 | -0.002 | 0.003 | 0.003 | 0.000 | -0.004 | -0.006 | 0.000 | -0.014 | — | 0.010 |
| 2017 | 0.003 | 0.002 | 0.006 | 0.006 | 0.005 | 0.003 | 0.003 | 0.006 | 0.004 | 0.010 | — |

表8-4的结果显示,任意起始年份权重配对的结果均不显著,即任意两个起始年份的权重结果不存在统计意义上的差异。这证明了样本起始年份的选择不会显著影响到指数权重的分配。

本章对客观法研发指数权重的信度进行检验,结果显示:研发指数的客观权重,既不会受到计算样本年份跨度的影响,也不会受到样本选择起始年份的影响。研发指数的指标设计具有稳定性,根据现有样本计算的指标权重,其结果是可信的。

# 三、KAPPA 一致性检验

为了进一步检验依样本计算求得的研发指数各个指标的权重,是否会因样本的选择不同而出现评价不一致的情况,本章采用计算 Kappa 系数的检测方法,对依不同年度样本计算权重求得的研发指数得分进行一致性检验。

Kappa 系数检验方法是一种常用的无序分类变量资料一致性检验的方法。Kappa 系数的大小可划分为六个区段,分别代表一致性的强弱程度。当

Kappa 系数小于 0.00，一致性强度极差；系数在 0.0 ~ 0.2 之间，一致性强度微弱；系数在 0.21 ~ 0.40 之间，一致性强度弱；系数在 0.41 ~ 0.60 之间，一致性强度为中度；系数在 0.61 ~ 0.80 之间，两个对比变量高度一致；系数在 0.81 ~ 1.00 之间，一致性强度极强。

根据 Kappa 系数的检验思路，本章分别以 2007 ~ 2017 年这 11 年的上市公司单独年份的样本计算研发指数指标的权重，求得权重集合为 $X\{X_1,$ $X_2$，$X_3$，$X_4$，$X_5$，$X_6$，$X_7$，$X_8$，$X_9$，$X_{10}$，$X_{11}\}$。每一类权重评分相当于一名观测者。X 集合相当于 11 名具有相同评价标准，但对不同标准的倾向程度略有不同的评价者集合。相对应的对于样本公司的研发指数评分集合为 $S$ $\{S_1$，$S_2$，$S_3$，$S_4$，$S_5$，$S_6$，$S_7$，$S_8$，$S_9$，$S_{10}$，$S_{11}\}$。将每一个评分 S 分成均等的 5 ~ 9 份。求 S 集合的 Kappa 一致性系数如表 8 - 5 所示。

表 8 - 5                    **Kappa 一致性系数检验**

| 分组份数 | Kappa 系数 | Z | Prob > Z |
| --- | --- | --- | --- |
| 5 | 0.8195 | 625.00 | 0.0000 |
| 6 | 0.7855 | 669.27 | 0.0000 |
| 7 | 0.7669 | 715.70 | 0.0000 |
| 8 | 0.7362 | 741.98 | 0.0000 |
| 9 | 0.7073 | 761.63 | 0.0000 |

根据表 8 - 5 的检测结果，不同分组条件下的 Kappa 一致性系数在分别以 11 年单独年份样本为基础计算的权重评分下均表现出高度一致的特点。总体来看，Kappa 系数保持在 0.70 ~ 0.82，属于一致性极强的结果，各个分组的 Z 检验结果均显著，拒绝 $H_0$ 假设，可以认为 11 类评价的研发指数评分结果具有一致性，且一致性极强。这代表样本选择的不同，不会对研发指数指标的权重产生显著的影响，研发指数的信度可以接受。

# 第九章

# 研发指数的效度检验

在论证公司研发指数权重数据可信的基础上，本章将对公司研发指数反映的经济信息是否有效进行判断，并通过与"研发强度"这一现阶段最公认的研发度量指标进行对比，说明本章的研发指数指标效度。根据本章的定义，公司研发指数是指"反映公司一定时期内研发活动价值创造综合能力的指标"。针对公司研发指数应当反映的经济内容，本章对研发指数设计效度的检验主要集中于以下三个方面：指数权重计算样本的代表性检验；研发指数解释力度与研发强度指标的对比，包括对高新技术公司、公司价值与公司成长性的解释力度；公司研发指数反映典型案例公司研发水平的效度。

本部分检验用到的验证手段包括模拟测量、T – test 均值检验和案例分析等方法。

## 一、样本代表性检验

本章选取的样本是在我国上市公司 2007～2017 年总样本的基础上，剔除了金融类上市公司以及数据不全的上市公司后得到的样本，共计 25076 个样本，涵盖 3038 家上市公司，占上市公司总数的 86.38%①。由于剔除过程

①　截至 2018 年 3 月 14 日，中国上市公司总数为 3517 家。样本占比 = 3038/3517 × 100%。

会出现偏误,导致可能出现最终的样本公司不能够代表市场整体情况的问题。为了验证试验样本的代表性强弱,本章对样本公司的行业分布特征与市场整体的行业分布特征进行了对比分析。

表9-1显示了样本公司的行业结构分布和市场的比较,从表中反映的信息来看,可以发现:样本公司与市场整体的行业分布特征是较为一致的;样本公司在个别行业与市场有所差异,主要的差异出现在金融业(J类)[①]。出现较大差异是因为实验样本已经将金融行业剔除。

表9-1                市场整体与样本行业分布比较

| 一级行业 | 市场整体 | 样本 | 差异率 |
|---|---|---|---|
| 采矿业 | 75 | 74 | 1.33% |
| 电力、热力、燃气及水生产和供应业 | 108 | 102 | 5.56% |
| 房地产业 | 126 | 125 | 0.79% |
| 建筑业 | 99 | 91 | 8.08% |
| 交通运输、仓储和邮政业 | 99 | 89 | 10.10% |
| 教育 | 3 | 3 | 0.00% |
| 金融业 | 80 | 0 | 100.00% |
| 科学研究和技术服务业 | 45 | 31 | 31.11% |
| 农、林、牧、渔业 | 42 | 42 | 0.00% |
| 批发和零售业 | 165 | 157 | 4.85% |
| 水利、环境和公共设施管理业 | 44 | 37 | 15.91% |
| 卫生和社会工作 | 9 | 8 | 11.11% |
| 文化、体育和娱乐业 | 57 | 47 | 17.54% |
| 信息传输、软件和信息技术服务业 | 251 | 229 | 8.76% |
| 制造业 | 2227 | 1928 | 13.43% |
| 住宿和餐饮业 | 9 | 9 | 0.00% |
| 综合 | 24 | 24 | 0.00% |
| 租赁和商务服务业 | 49 | 42 | 14.29% |
| 总计 | 3512 | 3038 | 13.50% |
| T-test | 1.5850 | P(T < = t) | 0.1314 |

---

① 行业分类标准采用证监会《上市公司行业分类指引》(2012年修订版)。

为了考察样本与市场整体的分布是否存在统计意义上的显著差异，对两者进行配对 T 检验。检验结果的 T 统计量为 1.5850，在统计意义上不显著。这说明，选取样本和上市公司总体的样本行业分布一致。因此，可以认为：本章选取的样本分布特征具有行业代表性。

## 二、研发指数解释力度：与研发强度指标做对比

研发强度指标（研发费用/营业收入）是现阶段最公认的度量公司研发水平的指标。在本节中，研究小组将研发指数与研发强度指标进行对比，测试两种指标在解释同一问题时，研发指数是否显示出更强的解释能力。一旦这一现象存在，则说明了研发指数指标具有更强的解释力度。

本节选取了高新技术公司区分度、公司价值与成长性三方面测试两类指标的解释力度。根据前人研究，公司研发行为可以为公司创造超额收益，研发信息的披露也与价值和公司成长性正相关。此外，高新技术公司相比于一般公司，也具有更高的研发能力和研发投入水平。因此，本节做出如下假设：

H11：高新技术公司研发指数显著高于非高新技术公司；

H12：研发指数与公司价值显著正相关；

H13：研发指数与公司成长性显著正相关。

要想证明研发指数具有较强的解释力度，除证明以上三个假设外，还需比较研发指数与研发强度对三者的解释力度强弱。

## （一）高新技术公司区分度检验

本章所指的高新技术公司是在《国家重点支持的高新技术领域》内，持续进行研究开发与技术成果转化，形成公司核心自主知识产权，并以此为基础开展经营活动，在中国境内（不包括港、澳、台地区）注册一年以上

的居民公司。它是知识密集、技术密集的经济实体。[1] 高新技术公司的研发特征明显，研发水平和研发价值创造能力应当显著高于非高新技术公司。以此为前提条件，对本章的样本公司根据《高新技术公司认定管理办法》评估的高新技术资质进行区分，分为高新技术公司与非高新技术公司。对两类公司的研发指数对比分析，检测高新技术公司的研发指数平均来看是否显著高于非高新技术公司。如检验通过，则证明研发指数在区分高新技术公司和非高新技术公司研发水平方面是有效的，如检验不通过，则证明研发指数的测定存在问题。检验结果如表9-2所示。

表9-2　　　　　　　　高新/非高新技术公司研发指数对比分析

| Group[2] | Obs | Mean | Std. Err. | Std. Dev. | 95% Conf. | Interval |
|---|---|---|---|---|---|---|
| 0 | 17319 | 26.1020 | 0.4958 | 6.5249 | 26.0048 | 26.1992 |
| 1 | 6621 | 29.2007 | 0.0798 | 6.4972 | 29.0441 | 29.3572 |
| combined | 23940 | 26.9590 | 0.0431 | 6.6629 | 26.8746 | 27.0434 |
| diff | | -3.0987 | 0.0942 | | -3.2832 | -2.9140 |
| diff = mean(0) - mean(1) | | | | | | t = -32.9055 |
| H0：diff = 0 | | | | | | degress of freedom = 23938 |
| Ha：diff < 0 | | | Ha：diff! = 0 | | | Ha：diff > 0 |
| Pr(T < t) = 0.0000 | | | Pr(T < t) = 0.0000 | | | Pr(T < t) = 1.0000 |

　　表9-2的结果显示高新技术公司的公司研发指数在统计学意义上显著高于非高新技术公司，平均得分相差3.10分，高新技术公司的研发指数平均得分较非高新技术公司高出11.87个百分点。

　　除"高新技术公司"这一评定指标外，本章以"知识资产[3]占总资产比重"为核心指标再次对样本公司排序，并根据排序结果将样本公司等分为两组：Group0（低知识资产公司）和 Group1（高知识资产公司）。再对两组

---

① 《高新技术公司认定管理办法》（2008年）。
② 分组0代表非高新技术公司；1代表高新技术公司。
③ 本章知识资产的含义是软件权、商标权、专利技术及其他无形资产的账面金额。

样本的研发指数进行 T – test 检验。"知识资产占总资产比重"与"高新技术公司"指标类似，也可以衡量知识创新能力对公司价值的贡献程度（苑泽明，2012；崔也光，2013）。两类指标的检测结果可以相互印证。对"知识资产占总资产比重"分组的检验结果如表 9 – 3 所示。

表 9 – 3　　　　　　　知识资产占比高低的公司研发指数对比分析

| Group | Obs | Mean | Std. Err. | Std. Dev. | 95% Conf. | Interval |
|---|---|---|---|---|---|---|
| 0 | 11970 | 30. 7844 | 0. 2026 | 7. 1618 | 30. 3869 | 31. 1818 |
| 1 | 11970 | 33. 8755 | 0. 2445 | 8. 6476 | 33. 3959 | 34. 3552 |
| combined | 23940 | 32. 3306 | 0. 1617 | 8. 0873 | 32. 0134 | 32. 6477 |
| diff | | – 3. 0912 | 0. 3175 | | – 3. 7138 | – 2. 4685 |
| diff = mean(0) – mean(1) | | | | | | t = – 9. 7351 |
| H0：diff = 0 | | | | | | degress of freedom = 23938 |
| Ha：diff < 0 | | | Ha：diff! = 0 | | | Ha：diff > 0 |
| Pr(T < t) = 0.0000 | | | Pr(T < t) = 0.0000 | | | Pr(T < t) = 1.0000 |

表 9 – 3 的结果显示"知识资产占总资产比重"较高的公司研发指数在统计学意义上显著高于"知识资产占总资产比重"较低公司。两组样本的平均得分相差 3.09 分，"知识资产占总资产比重"较高的公司研发指数平均得分较其他公司高出 10.04 个百分点。

综上，本章以"高新技术公司"与"知识资产占总资产比重"两个指标检验了本章设计的研发指数是否有效区分了技术型公司与一般公司。检验结论均证明了有效，H11 成立。但需要关注的是，两类指标分组的得分差值相差幅度不大，这可能是由于如下原因造成的：（1）高新技术公司通过政府相关部门进行判定，受政策影响较大，不能因此而绝对认为没有通过高新技术公司资格审核的公司研发水平更低；（2）知识资产的会计核算是以历史成本计量，对于知识资产的真实价值是否能够准确反映尚需进行更深入的研究，因此也不能完全认为知识资产占比大的公司研发水平更高。两类指标的检验只是起到了佐证的作用，证明了研发指数具有区分两类样本的效力。

进一步，将研发强度与研发指数指标带入式 9 - 1 的 Logit 回归方程，采用 robust 回归，并将自变量与控制变量做标准化处理，比较两者的回归系数。

$$\text{Htech}_{i,t} = \alpha_0 + \alpha_1 \times \text{Score}_{i,t} + \alpha_2 \times \text{RD}_{i,t} + \alpha_3 \times \text{Size}_{i,t} + \alpha_4 \times \text{ROE}_{i,t} + \varepsilon$$

（式 9 - 1）

其中 i 指代公司，t 指代年份，哑变量 $\text{Htech}_{i,t}$ 代表 i 公司第 t 年是否为高新技术公司，1 为 "是"，0 为 "否"；$\text{Score}_{i,t}$ 代表研发指数；$\text{RD}_{i,t}$ 代表研发强度，计算方法为研发费用除以收入；$\text{Size}_{i,t}$ 代表公司规模，为总资产的自然对数；$\text{ROE}_{i,t}$ 代表权益净利率；$\varepsilon$ 为残差项。

式 9 - 1 回归的结果由表 9 - 4 显示：

表 9 - 4　　　　　研发指数与研发强度解释力度对比——高新技术公司

| 变量 | 回归 1 | | 回归 2 | | 回归 3 | |
|---|---|---|---|---|---|---|
| | 系数 | Z 检验 | 系数 | Z 检验 | 系数 | Z 检验 |
| $\text{Score}_{i,t}$ | 0.3917 | 21.87 *** | | | 0.3249 | 13.12 *** |
| $\text{RD}_{i,t}$ | | | 0.3317 | 21.51 *** | 0.0922 | 4.00 *** |
| $\text{Size}_{i,t}$ | -0.3308 | -20.57 *** | -0.3434 | -21.68 *** | -0.3216 | -20.02 *** |
| $\text{ROE}_{i,t}$ | 0.1279 | 8.64 *** | 0.1007 | 6.85 *** | 0.1186 | 7.95 *** |
| 截距 | -6.1322 | -10.60 *** | -6.1886 | -10.70 *** | -6.1167 | -10.57 *** |
| 时间效应 | 已控制 | | 已控制 | | 已控制 | |
| 行业效应 | 已控制 | | 已控制 | | 已控制 | |
| 样本量 | 23940 | | 23940 | | 23940 | |
| Wald 检验 | 1349.28 *** | | 1356.02 *** | | 1371.32 *** | |
| $R^2$ | 0.0856 | | 0.0788 | | 0.0862 | |
| 精准预测率 | 71.22% | | 71.48% | | 71.25% | |

注：为比较研发指数与研发强度解释力度，所有参与回归的变量均做了标准化处理。显著性水平：*** 代表 1% 水平显著，** 代表 5% 水平显著，* 代表 10% 水平显著。

表 9 - 4 的回归结果显示，三个回归的精准预测率均在 70% 以上，说明式 9 - 1 可以作为高新技术公司预测模型。三个回归无论是研发指数还是研发强度均在 1% 水平上显著，由于变量均是标准化后的数据，因此回归系数

可以用于比较。在回归 3 中，研发指数的回归系数为 0.3249，研发强度的回归系数为 0.0922。这说明，研发指数对于高新技术公司的解释力度强于研发强度指标，其效力约为研发强度指标的 3.52 倍。

## （二）公司价值检验

理论上讲，公司研发指数反映了公司研发创造价值的水平，为了证明本章实际计算得出的研发指数具有反映公司价值的能力，本章选举了公司市值作为反映公司价值的代理变量。

与高新技术公司相类似，本章将研发强度与研发指数指标代入式 9-2 的回归方程，采用 robust 回归，并将自变量与控制变量做标准化处理，比较两者的回归系数。

$$CV_{i,t} = \alpha_0 + \alpha_1 \times Score_{i,t} + \alpha_2 \times RD_{i,t} + \alpha_3 \times Size_{i,t} + \alpha_4 \times ROE_{i,t} + \varepsilon \quad （式9-2）$$

其中，i 指代公司，t 指代年份，被解释变量 $CV_{i,t}$ 代表 i 公司第 t 年的公司价值水平。为减弱规模效应可能造成的异方差问题，样本公司市值均除以总资产。同时，由于上市公司的年报均于次年的 3、4 月对外披露，而非当年年末，因此本章选择次年 3 月的月均总市值作为公司年报披露时对应的市场价值。

式 9-2 回归的结果可由表 9-5 显示。

表 9-5　　　　　研发指数与研发强度解释力度对比——公司价值

| 变量 | 回归 1 | | 回归 2 | | 回归 3 | |
|---|---|---|---|---|---|---|
| | 系数 | T 检验 | 系数 | T 检验 | 系数 | T 检验 |
| $Score_{i,t}$ | 0.1985 | 36.77*** | | | 0.1492 | 18.75*** |
| $RD_{i,t}$ | | | 0.1749 | 32.56*** | 0.0663 | 8.42*** |
| $Size_{i,t}$ | -0.4883 | -90.71*** | -0.4979 | -92.48*** | -0.4860 | -90.29*** |
| $ROE_{i,t}$ | 0.1762 | 33.39*** | 0.1944 | 36.87*** | 0.1800 | 34.04*** |
| 截距 | 22.6258 | 85.24*** | 24.8674 | 100.16*** | 22.9242 | 85.73*** |

| 变量 | 回归1 | | 回归2 | | 回归3 | |
|------|------|------|------|------|------|------|
| | 系数 | T检验 | 系数 | T检验 | 系数 | T检验 |
| 时间效应 | 已控制 | | 已控制 | | 已控制 | |
| 行业效应 | 已控制 | | 已控制 | | 已控制 | |
| 样本量 | 23940 | | 23940 | | 23940 | |
| F检验 | 4228.96 *** | | 4087.96 *** | | 3198.73 *** | |
| Adj – R² | 0.3463 | | 0.3387 | | 0.3482 | |

注：为比较研发指数与研发强度解释力度，所有参与回归的变量均做了标准化处理。显著性水平：*** 代表 1% 水平显著，** 代表 5% 水平显著，* 代表 10% 水平显著。

表 9 - 5 所示的回归结果显示，三个回归模型整体及所有参与回归的变量均在 1% 水平上显著。研发指数 $Score_{i,t}$ 在三个回归中的系数也均为正，H12 假设成立。

由于变量均是标准化后的数据，因此回归系数可以用于比较。在回归 3 中，研发指数的回归系数为 0.1492，研发强度的回归系数为 0.0663。这说明，研发指数对公司价值的解释力度强于研发强度指标，其效力约为研发强度指标的 2.25 倍。

实证结果为公司研发指数反映公司价值提供了支持性证据，这说明，公司研发指数可以较为有效地反映公司未来价值创造能力，并且其解释力度强于研发强度指标，这也与本章最初设定的指数构建目标相吻合。

## （三）公司成长性检验

除了对公司价值创造的贡献外，公司研发创新活动也会对公司未来资产和收益的规模产生促进作用（苑泽明，2012）。本章选择了总资产增长率 GTA 和收入增长率 GREV 从不同侧面反映公司的增长水平。有效的公司研发指数在理论上应当能够解释公司的成长。为检验研发指数解释力度，设立回归方程如式 9 - 3、式 9 - 4 所示。方程采用 robust 回归，并将自变量与控制变量做标准化处理，比较两者的回归系数。自变量符号含义与式 9 - 1、式 9 – 2 相同。其中 GTA 和 GREV 均取滞后一期。

$$GTA_{i,t+1} = \alpha_0 + \alpha_1 \times Score_{i,t} + \alpha_2 \times RD_{i,t} + \alpha_3 \times Size_{i,t} + \alpha_4 \times ROE_{i,t} + \varepsilon$$

（式 9 – 3）

$$GREV_{i,t+1} = \alpha_0 + \alpha_1 \times Score_{i,t} + \alpha_2 \times RD_{i,t} + \alpha_3 \times Size_{i,t} + \alpha_4 \times ROE_{i,t} + \varepsilon$$

（式 9 – 4）

表 9 – 6 反映了式 9 – 3、式 9 – 4 的回归结果。

表 9 – 6　　　　　研发指数与研发强度解释力度对比——公司成长性

| 变量 | $GTA_{i,t+1}$ | | $GREV_{i,t+1}$ | |
|---|---|---|---|---|
| | 系数 | T 检验 | 系数 | T 检验 |
| $Score_{i,t}$ | 0.0378 | 3.71 *** | 0.0191 | 1.80 * |
| $RD_{i,t}$ | 0.0086 | 0.85 | 0.0088 | 0.84 |
| $Size_{i,t}$ | – 0.1260 | – 18.16 *** | – 0.0897 | – 12.41 *** |
| $ROE_{i,t}$ | 0.2647 | 38.89 *** | 0.0021 | – 0.29 |
| 截距 | 0.8022 | 19.17 *** | 0.9274 | 13.79 *** |
| 时间效应 | 已控制 | | 已控制 | |
| 行业效应 | 已控制 | | 已控制 | |
| 样本量 | 20256 | | 20256 | |
| F 检验 | 491.08 *** | | 50.53 *** | |
| $Adj – R^2$ | 0.0882 | | 0.0097 | |

注：为比较研发指数与研发强度解释力度，所有参与回归的变量均做了标准化处理。显著性水平：*** 代表 1% 水平显著，** 代表 5% 水平显著，* 代表 10% 水平显著。

根据表 9 – 6 的回归结果，研发强度无论与总资产增长速度 GTA 还是收入增长速度 GREV 的回归均不显著，无法证明公司研发有助于提升公司成长性。而本书设计的研发指数指标无论在与总资产增长速度 GTA 还是收入增长速度 GREV 的回归中均表现为显著正相关。佐证了公司研发综合实力越强，公司成长性越高，H13 成立。由此可见，在公司成长性的解释力度上研发指数明显优于研发强度指标。

以上的实验结果支持了"公司研发指数在反映公司成长性方面是有效

的"这一观点，研究设计的目标基本达成。

## 三、典型案例说明力检验

上文在样本的代表性和研发指数的解释力度两方面论证了研发指数的有效性，但是这种有效性是建立在整体数据层面的。如果将研发指数微观到公司与公司间的比较，它是否还具有较强的说明力呢？为验证这个问题，本节选取了"信息传输、软件和信息技术服务业"作为对象行业，依照研发指数评分方法对行业中公司每一年度进行评分，并对总分进行排序。

众所周知，信息技术服务行业是非常典型的高研发强度行业，研发活动对该行业公司的生存和发展至关重要。而在该行业中，"BAT"① 被公认为行业的超一流规模公司。因此，"BAT"三家公司的研发实力应当处于行业翘楚。研究小组计划将三家公司依照研发指数评分方法，计算出 2015～2017 年度的研发指数，并与其他同业公司进行比较。如果"BAT"研发指数的排名在行业中名列前茅，则说明研发指数的评价在公司层面的对比有一定现实意义，如果"BAT"研发指数排名落后，则说明指数指标的设计存在问题。

表 9 - 7 计算了信息技术服务行业中上市公司 2015～2017 年的平均研发指数。由于"BAT"公司均为海外上市公司，在计算研发指数的时候对于公司财务报告披露的信息应调整为中国上市公司会计准则下的信息，以保证数据的可比性。

根据表 9 - 7 的计算，百度 2015～2017 年平均研发指数排名行业第一，阿里巴巴紧随其后，腾讯则为行业第五。分维度来看，"BAT"的创新投入指数和创新环境指数并非行业前列，这是因为研发指数的指标主要是以相对指标（如研发强度等比率）构成，并非绝对金额指标，"BAT"受到公司规模大的影响，虽然在研发投入的绝对规模等方面明显处于优势，但若论投入

---

① BAT 即百度、阿里巴巴和腾讯的首字母缩写。

强度则并非行业前列。导致"BAT"研发指数排名靠前的主要原因是技术水平指数和创新产出指数较高。这说明"BAT"在技术领域和专利领域的优势，保障了公司的研发综合实力。

由于"BAT"公司的研发指数确实处于行业前列，这增加了研发指数用于微观公司层面对比的可信程度。

表 9 – 7　　　　信息技术服务公司 2015～2017 年平均研发指数

| 公司 | 研发指数 | | 创新投入指数 | | 技术水平指数 | | 创新环境指数 | | 创新产出指数 | |
|---|---|---|---|---|---|---|---|---|---|---|
| | 得分 | 行业排名 | 得分 | 行业排名 | 得分 | 行业排名 | 得分 | 行业排名 | 得分 | 行业排名 |
| 百度 | 63.29 | 1 | 9.78 | 43 | 18.73 | 3 | 12.99 | 24 | 21.78 | 2 |
| 阿里巴巴 | 63.19 | 2 | 7.66 | 64 | 22.56 | 1 | 11.19 | 59 | 21.78 | 3 |
| 兆日科技 | 60.83 | 3 | 14.57 | 5 | 17.01 | 5 | 16.50 | 2 | 12.75 | 35 |
| 绿盟科技 | 57.65 | 4 | 14.25 | 9 | 15.54 | 8 | 13.66 | 13 | 14.20 | 21 |
| 腾讯 | 56.72 | 5 | 5.74 | 93 | 14.20 | 16 | 15.01 | 7 | 21.78 | 1 |
| 东方国信 | 55.26 | 6 | 10.59 | 33 | 14.36 | 14 | 13.16 | 20 | 17.15 | 5 |
| 拓尔思 | 54.26 | 7 | 13.01 | 16 | 16.07 | 6 | 11.88 | 48 | 13.30 | 29 |
| 东方通 | 53.72 | 8 | 12.22 | 22 | 12.56 | 31 | 13.17 | 19 | 15.77 | 10 |
| 网达软件 | 53.35 | 9 | 11.29 | 27 | 13.65 | 20 | 13.85 | 11 | 14.55 | 18 |
| 超图软件 | 53.32 | 10 | 12.77 | 21 | 15.81 | 7 | 9.35 | 115 | 15.39 | 11 |
| 和仁科技 | 51.22 | 11 | 10.18 | 38 | 11.05 | 54 | 13.26 | 18 | 16.73 | 7 |
| 久其软件 | 50.26 | 12 | 11.02 | 29 | 14.71 | 11 | 9.43 | 111 | 15.11 | 15 |
| 四维图新 | 50.23 | 13 | 14.60 | 4 | 14.84 | 10 | 9.45 | 108 | 11.34 | 47 |
| 恒生电子 | 49.86 | 14 | 14.66 | 2 | 14.02 | 17 | 7.97 | 150 | 13.21 | 31 |
| 方直科技 | 49.35 | 15 | 13.49 | 12 | 11.53 | 49 | 12.16 | 44 | 12.17 | 42 |
| 华宇软件 | 49.27 | 16 | 9.23 | 48 | 13.48 | 22 | 12.09 | 45 | 14.47 | 19 |
| 盛讯达 | 49.19 | 17 | 13.22 | 15 | 13.07 | 26 | 17.38 | 1 | 5.52 | 130 |
| 中科创达 | 48.73 | 18 | 10.02 | 39 | 14.22 | 15 | 11.21 | 58 | 13.28 | 30 |
| 科大讯飞 | 48.26 | 19 | 13.75 | 11 | 17.60 | 4 | 10.55 | 78 | 6.36 | 107 |
| 维宏股份 | 47.84 | 20 | 14.35 | 8 | 13.03 | 27 | 10.40 | 83 | 10.07 | 60 |

| 公司 | 研发指数 | | 创新投入指数 | | 技术水平指数 | | 创新环境指数 | | 创新产出指数 | |
|---|---|---|---|---|---|---|---|---|---|---|
| | 得分 | 行业排名 | 得分 | 行业排名 | 得分 | 行业排名 | 得分 | 行业排名 | 得分 | 行业排名 |
| 博思软件 | 47.83 | 21 | 9.88 | 42 | 10.53 | 63 | 11.16 | 60 | 16.27 | 8 |
| 博彦科技 | 47.54 | 22 | 5.00 | 111 | 12.22 | 35 | 11.87 | 49 | 18.44 | 4 |
| 川大智胜 | 47.13 | 23 | 12.88 | 18 | 19.27 | 2 | 8.84 | 125 | 6.14 | 110 |
| 新晨科技 | 46.73 | 24 | 13.41 | 13 | 13.36 | 24 | 12.16 | 43 | 7.81 | 88 |
| 南威软件 | 46.57 | 25 | 7.46 | 69 | 11.82 | 42 | 13.50 | 15 | 13.79 | 27 |
| *ST智慧 | 46.38 | 26 | 12.16 | 23 | 12.21 | 36 | 10.99 | 65 | 11.03 | 50 |
| 中国软件 | 46.35 | 27 | 13.37 | 14 | 14.39 | 13 | 10.04 | 90 | 8.55 | 79 |
| 赢时胜 | 46.33 | 28 | 14.75 | 1 | 13.81 | 19 | 12.25 | 39 | 5.52 | 135 |
| 远光软件 | 46.09 | 29 | 14.44 | 7 | 13.84 | 18 | 10.57 | 76 | 7.24 | 95 |
| 万达信息 | 46.00 | 30 | 10.88 | 30 | 14.96 | 9 | 10.26 | 86 | 9.90 | 65 |
| 北信源 | 45.83 | 31 | 10.27 | 34 | 12.01 | 39 | 13.74 | 12 | 9.80 | 67 |
| 浪潮软件 | 45.46 | 32 | 10.70 | 32 | 13.63 | 21 | 7.07 | 164 | 14.06 | 26 |
| 冰川网络 | 44.72 | 33 | 14.16 | 10 | 12.37 | 34 | 12.67 | 28 | 5.52 | 137 |
| 广联达 | 44.71 | 34 | 14.64 | 3 | 12.86 | 28 | 10.90 | 68 | 6.32 | 108 |
| 易联众 | 44.08 | 35 | 10.83 | 31 | 9.97 | 71 | 12.56 | 29 | 10.73 | 52 |
| 鼎捷软件 | 43.95 | 36 | 7.86 | 62 | 10.78 | 59 | 11.12 | 61 | 14.20 | 23 |
| 用友网络 | 43.93 | 37 | 12.87 | 19 | 10.86 | 56 | 13.02 | 23 | 7.17 | 96 |
| 同花顺 | 43.17 | 38 | 12.78 | 20 | 10.81 | 57 | 13.05 | 22 | 6.53 | 103 |
| 卫宁健康 | 43.13 | 39 | 10.22 | 37 | 8.86 | 88 | 9.86 | 97 | 14.20 | 22 |
| 辰安科技 | 43.06 | 40 | 8.84 | 51 | 14.63 | 12 | 8.24 | 142 | 11.35 | 46 |
| 网宿科技 | 42.94 | 41 | 7.02 | 76 | 12.86 | 29 | 14.43 | 9 | 8.64 | 76 |
| 美亚柏科 | 42.71 | 42 | 9.96 | 40 | 13.30 | 25 | 11.48 | 53 | 7.97 | 85 |
| 二三四五 | 42.39 | 43 | 6.21 | 87 | 8.65 | 93 | 12.19 | 42 | 15.34 | 13 |
| 邦讯技术 | 42.37 | 44 | 9.41 | 46 | 11.63 | 46 | 12.78 | 25 | 8.55 | 78 |
| 东华软件 | 42.15 | 45 | 9.50 | 45 | 12.08 | 37 | 8.03 | 147 | 12.54 | 37 |
| 任子行 | 42.12 | 46 | 8.96 | 49 | 8.73 | 91 | 11.30 | 55 | 13.12 | 32 |
| 四方精创 | 41.99 | 47 | 11.33 | 26 | 11.81 | 43 | 13.33 | 17 | 5.52 | 131 |

续表

| 公司 | 研发指数 | | 创新投入指数 | | 技术水平指数 | | 创新环境指数 | | 创新产出指数 | |
|---|---|---|---|---|---|---|---|---|---|---|
| | 得分 | 行业排名 | 得分 | 行业排名 | 得分 | 行业排名 | 得分 | 行业排名 | 得分 | 行业排名 |
| 安硕信息 | 41.55 | 48 | 11.39 | 25 | 7.23 | 118 | 8.72 | 130 | 14.21 | 20 |
| 京天利 | 41.25 | 49 | 4.21 | 127 | 9.69 | 76 | 12.75 | 27 | 14.60 | 17 |
| 佳创视讯 | 41.19 | 50 | 12.90 | 17 | 13.41 | 23 | 8.35 | 139 | 6.52 | 104 |
| 汇金科技 | 40.83 | 51 | 7.52 | 68 | 7.31 | 116 | 15.84 | 4 | 10.17 | 58 |
| *ST信通 | 39.90 | 52 | 3.11 | 153 | 12.45 | 33 | 10.19 | 87 | 14.15 | 25 |
| 新开普 | 39.87 | 53 | 7.95 | 58 | 8.85 | 89 | 12.39 | 35 | 10.67 | 54 |
| 思特奇 | 39.79 | 54 | 10.22 | 36 | 11.58 | 47 | 12.47 | 31 | 5.52 | 120 |
| 天源迪科 | 39.76 | 55 | 6.24 | 86 | 12.05 | 38 | 8.53 | 136 | 12.94 | 33 |
| 信雅达 | 39.52 | 56 | 14.56 | 6 | 11.82 | 41 | 8.14 | 144 | 4.99 | 148 |
| 东软载波 | 39.39 | 57 | 9.73 | 44 | 11.65 | 45 | 11.43 | 54 | 6.58 | 102 |
| 润和软件 | 39.28 | 58 | 7.87 | 61 | 10.17 | 69 | 10.70 | 72 | 10.53 | 55 |
| 金证股份 | 39.22 | 59 | 7.91 | 59 | 7.37 | 112 | 8.60 | 133 | 15.34 | 12 |
| 鼎信通讯 | 38.67 | 60 | 8.25 | 55 | 8.09 | 105 | 9.45 | 109 | 12.88 | 34 |
| 天玑科技 | 38.36 | 61 | 7.23 | 72 | 9.63 | 77 | 12.26 | 38 | 9.23 | 70 |
| 汇纳科技 | 38.22 | 62 | 8.13 | 57 | 9.95 | 72 | 14.62 | 8 | 5.52 | 119 |
| 太极股份 | 38.17 | 63 | 3.74 | 138 | 10.29 | 66 | 7.27 | 162 | 16.86 | 6 |
| 神州信息 | 38.09 | 64 | 4.25 | 125 | 8.16 | 102 | 9.91 | 95 | 15.78 | 9 |
| 麦迪科技 | 37.98 | 65 | 10.25 | 35 | 9.79 | 74 | 7.95 | 152 | 9.99 | 63 |
| 荣科科技 | 37.73 | 66 | 5.13 | 109 | 8.02 | 106 | 12.04 | 46 | 12.53 | 38 |
| 科大国创 | 37.65 | 67 | 11.19 | 28 | 11.86 | 40 | 9.08 | 120 | 5.52 | 133 |
| 浩云科技 | 37.50 | 68 | 5.47 | 100 | 8.58 | 94 | 10.79 | 70 | 12.66 | 36 |
| 北纬科技 | 37.44 | 69 | 7.12 | 73 | 7.36 | 114 | 10.43 | 81 | 12.52 | 39 |
| 信息发展 | 37.43 | 70 | 6.49 | 83 | 8.17 | 101 | 9.38 | 112 | 13.39 | 28 |
| 荣之联 | 37.39 | 71 | 8.23 | 56 | 11.03 | 55 | 8.54 | 135 | 9.60 | 69 |
| 运达科技 | 37.10 | 72 | 5.46 | 101 | 9.03 | 84 | 12.19 | 41 | 10.42 | 56 |
| 汉得信息 | 36.99 | 73 | 7.53 | 67 | 6.17 | 132 | 13.43 | 16 | 9.86 | 66 |
| 世纪鼎利 | 36.71 | 74 | 6.47 | 84 | 9.87 | 73 | 11.27 | 56 | 9.10 | 72 |

续表

| 公司 | 研发指数 | | 创新投入指数 | | 技术水平指数 | | 创新环境指数 | | 创新产出指数 | |
|---|---|---|---|---|---|---|---|---|---|---|
| | 得分 | 行业排名 | 得分 | 行业排名 | 得分 | 行业排名 | 得分 | 行业排名 | 得分 | 行业排名 |
| 万集科技 | 36.52 | 75 | 6.57 | 82 | 9.31 | 80 | 9.93 | 94 | 10.71 | 53 |
| 石基信息 | 36.07 | 76 | 5.28 | 104 | 8.91 | 86 | 16.37 | 3 | 5.52 | 117 |
| 恒华科技 | 35.69 | 77 | 6.83 | 80 | 9.09 | 82 | 9.59 | 103 | 10.17 | 59 |
| 天泽信息 | 35.56 | 78 | 8.40 | 53 | 10.64 | 62 | 12.22 | 40 | 4.29 | 157 |
| 南天信息 | 35.52 | 79 | 6.61 | 81 | 10.28 | 67 | 10.60 | 75 | 8.03 | 84 |
| 东软集团 | 35.51 | 80 | 7.65 | 65 | 11.35 | 52 | 8.98 | 121 | 7.52 | 91 |
| 拓维信息 | 35.30 | 81 | 9.94 | 41 | 9.44 | 79 | 11.06 | 62 | 4.86 | 149 |
| 宝信软件 | 35.09 | 82 | 7.55 | 66 | 12.52 | 32 | 9.60 | 102 | 5.41 | 146 |
| 飞天诚信 | 34.29 | 83 | 7.68 | 63 | 7.51 | 109 | 12.49 | 30 | 6.61 | 100 |
| 银信科技 | 34.20 | 84 | 3.20 | 149 | 5.98 | 135 | 12.77 | 26 | 12.26 | 41 |
| 联络互动 | 34.07 | 85 | 4.30 | 122 | 5.80 | 140 | 12.46 | 32 | 11.51 | 44 |
| 卫士通 | 34.02 | 86 | 6.92 | 78 | 11.58 | 48 | 7.88 | 155 | 7.64 | 89 |
| 创业软件 | 33.95 | 87 | 8.37 | 54 | 5.31 | 145 | 9.51 | 105 | 10.76 | 51 |
| 千方科技 | 33.92 | 88 | 5.94 | 91 | 8.90 | 87 | 10.71 | 71 | 8.37 | 81 |
| 华平股份 | 33.79 | 89 | 8.89 | 50 | 11.50 | 50 | 8.81 | 126 | 4.59 | 154 |
| 全通教育 | 33.69 | 90 | 3.97 | 131 | 4.56 | 150 | 11.00 | 64 | 14.16 | 24 |
| 梅安森 | 33.67 | 91 | 11.82 | 24 | 9.09 | 83 | 8.87 | 124 | 3.90 | 159 |
| 佳发安泰 | 33.44 | 92 | 6.88 | 79 | 5.35 | 144 | 12.43 | 34 | 8.78 | 75 |
| 华胜天成 | 33.13 | 93 | 4.27 | 124 | 12.84 | 30 | 8.77 | 128 | 7.26 | 94 |
| 先进数通 | 33.08 | 94 | 2.84 | 158 | 7.21 | 119 | 8.02 | 148 | 15.02 | 16 |
| 数字认证 | 32.98 | 95 | 7.08 | 75 | 8.52 | 96 | 11.86 | 51 | 5.52 | 142 |
| ST运盛 | 32.80 | 96 | 6.36 | 85 | 10.26 | 68 | 10.66 | 73 | 5.52 | 136 |
| 泛微网络 | 32.72 | 97 | 8.60 | 52 | 6.27 | 129 | 12.33 | 37 | 5.52 | 138 |
| 蓝盾股份 | 32.71 | 98 | 6.97 | 77 | 7.06 | 120 | 7.60 | 159 | 11.08 | 48 |
| 三五互联 | 32.67 | 99 | 6.00 | 90 | 4.35 | 152 | 15.50 | 5 | 6.82 | 98 |
| 国电南瑞 | 32.66 | 100 | 5.13 | 110 | 11.67 | 44 | 7.23 | 163 | 8.63 | 77 |
| 浩丰科技 | 32.54 | 101 | 5.39 | 102 | 9.28 | 81 | 12.35 | 36 | 5.52 | 118 |

续表

| 公司 | 研发指数 | | 创新投入指数 | | 技术水平指数 | | 创新环境指数 | | 创新产出指数 | |
|---|---|---|---|---|---|---|---|---|---|---|
| | 得分 | 行业排名 | 得分 | 行业排名 | 得分 | 行业排名 | 得分 | 行业排名 | 得分 | 行业排名 |
| 同有科技 | 32.40 | 102 | 4.34 | 119 | 5.49 | 143 | 14.29 | 10 | 8.28 | 82 |
| 高伟达 | 32.33 | 103 | 4.48 | 117 | 10.46 | 65 | 11.87 | 50 | 5.52 | 134 |
| 迪威迅 | 32.09 | 104 | 3.95 | 132 | 7.26 | 117 | 13.60 | 14 | 7.28 | 93 |
| 国脉科技 | 31.98 | 105 | 4.76 | 115 | 8.14 | 104 | 9.47 | 107 | 9.62 | 68 |
| 久远银海 | 31.87 | 106 | 5.72 | 94 | 6.50 | 126 | 9.62 | 101 | 10.03 | 61 |
| 中远海科 | 31.63 | 107 | 3.57 | 141 | 8.54 | 95 | 13.15 | 21 | 6.38 | 106 |
| 大晟文化 | 31.61 | 108 | 7.89 | 60 | 7.81 | 107 | 10.39 | 85 | 5.52 | 140 |
| 创意信息 | 31.43 | 109 | 4.34 | 120 | 7.49 | 110 | 9.36 | 114 | 10.23 | 57 |
| 海联讯 | 31.20 | 110 | 5.15 | 108 | 6.27 | 128 | 11.26 | 57 | 8.52 | 80 |
| 汉鼎宇佑 | 31.03 | 111 | 7.11 | 74 | 6.17 | 131 | 9.83 | 98 | 7.92 | 86 |
| 高升控股 | 31.01 | 112 | 6.19 | 88 | 10.50 | 64 | 8.80 | 127 | 5.52 | 129 |
| 榕基软件 | 30.94 | 113 | 9.28 | 47 | 8.69 | 92 | 9.18 | 118 | 3.78 | 160 |
| 丝路视觉 | 30.77 | 114 | 3.50 | 144 | 1.39 | 164 | 10.62 | 74 | 15.27 | 14 |
| 数字政通 | 30.74 | 115 | 5.87 | 92 | 11.29 | 53 | 9.44 | 110 | 4.14 | 158 |
| 诚迈科技 | 30.50 | 116 | 5.38 | 103 | 9.46 | 78 | 10.14 | 88 | 5.52 | 127 |
| 长亮科技 | 30.41 | 117 | 6.12 | 89 | 11.43 | 51 | 7.34 | 161 | 5.52 | 141 |
| 华东电脑 | 30.04 | 118 | 3.20 | 150 | 9.00 | 85 | 7.83 | 156 | 10.02 | 62 |
| 恒泰实达 | 29.84 | 119 | 3.59 | 140 | 5.13 | 147 | 11.94 | 47 | 9.18 | 71 |
| 今天国际 | 29.63 | 120 | 3.82 | 136 | 5.95 | 137 | 10.99 | 66 | 8.87 | 74 |
| 易华录 | 29.52 | 121 | 5.62 | 95 | 10.00 | 70 | 7.95 | 151 | 5.52 | 113 |
| 旋极信息 | 29.49 | 122 | 3.46 | 146 | 6.12 | 133 | 12.44 | 33 | 7.46 | 92 |
| 富春股份 | 29.45 | 123 | 7.37 | 71 | 8.36 | 99 | 10.41 | 82 | 3.31 | 162 |
| 神州泰岳 | 29.41 | 124 | 5.54 | 98 | 10.79 | 58 | 7.57 | 160 | 5.51 | 144 |
| 中科金财 | 29.30 | 125 | 7.40 | 70 | 9.75 | 75 | 8.90 | 123 | 3.26 | 163 |
| 皖通科技 | 29.21 | 126 | 4.24 | 126 | 10.70 | 61 | 8.25 | 141 | 6.02 | 111 |
| 捷顺科技 | 29.20 | 127 | 5.21 | 106 | 4.78 | 149 | 11.02 | 63 | 8.18 | 83 |
| 润欣科技 | 29.19 | 128 | 1.77 | 164 | 3.29 | 157 | 11.84 | 52 | 12.29 | 40 |

续表

| 公司 | 研发指数 | | 创新投入指数 | | 技术水平指数 | | 创新环境指数 | | 创新产出指数 | |
|---|---|---|---|---|---|---|---|---|---|---|
| | 得分 | 行业排名 | 得分 | 行业排名 | 得分 | 行业排名 | 得分 | 行业排名 | 得分 | 行业排名 |
| 世纪瑞尔 | 29.10 | 129 | 5.51 | 99 | 5.97 | 136 | 9.99 | 91 | 7.63 | 90 |
| 湘邮科技 | 29.03 | 130 | 2.30 | 161 | 6.93 | 122 | 8.74 | 129 | 11.06 | 49 |
| 启明信息 | 28.81 | 131 | 3.87 | 135 | 10.71 | 60 | 10.53 | 79 | 3.71 | 161 |
| 会畅通讯 | 28.59 | 132 | 3.99 | 130 | 3.63 | 154 | 15.45 | 6 | 5.52 | 121 |
| 华虹计通 | 28.57 | 133 | 5.27 | 105 | 8.48 | 98 | 10.10 | 89 | 4.72 | 152 |
| 高新兴 | 28.45 | 134 | 5.58 | 97 | 7.36 | 113 | 9.95 | 93 | 5.55 | 116 |
| 浙大网新 | 28.29 | 135 | 2.92 | 157 | 7.34 | 115 | 8.09 | 145 | 9.94 | 64 |
| 赛为智能 | 28.23 | 136 | 3.94 | 133 | 8.21 | 100 | 8.22 | 143 | 7.87 | 87 |
| 键桥通讯 | 28.05 | 137 | 3.01 | 155 | 4.23 | 153 | 8.93 | 122 | 11.88 | 43 |
| 银江股份 | 27.87 | 138 | 4.09 | 129 | 8.76 | 90 | 7.95 | 153 | 7.08 | 97 |
| 熙菱信息 | 27.64 | 139 | 3.14 | 152 | 8.48 | 97 | 10.50 | 80 | 5.52 | 126 |
| 银之杰 | 27.35 | 140 | 4.64 | 116 | 6.89 | 123 | 9.24 | 117 | 6.58 | 101 |
| 捷成股份 | 26.64 | 141 | 3.48 | 145 | 7.77 | 108 | 9.47 | 106 | 5.91 | 114 |
| 中富通 | 26.34 | 142 | 4.10 | 128 | 6.84 | 124 | 9.88 | 96 | 5.52 | 143 |
| 立思辰 | 26.19 | 143 | 5.59 | 96 | 8.16 | 103 | 7.74 | 157 | 4.70 | 153 |
| 云赛智联 | 26.12 | 144 | 4.94 | 113 | 5.85 | 139 | 10.93 | 67 | 4.40 | 155 |
| 华星创业 | 25.90 | 145 | 3.71 | 139 | 6.97 | 121 | 8.52 | 137 | 6.69 | 99 |
| 光环新网 | 25.77 | 146 | 4.32 | 121 | 5.54 | 142 | 10.39 | 84 | 5.52 | 132 |
| 吉大通信 | 25.56 | 147 | 2.64 | 160 | 6.83 | 125 | 10.57 | 77 | 5.52 | 122 |
| 新大陆 | 25.08 | 148 | 5.16 | 107 | 6.25 | 130 | 9.32 | 116 | 4.35 | 156 |
| 超讯通信 | 24.88 | 149 | 2.97 | 156 | 6.44 | 127 | 9.95 | 92 | 5.52 | 139 |
| 茂业通信 | 24.83 | 150 | 4.93 | 114 | 2.63 | 160 | 8.37 | 138 | 8.90 | 73 |
| 杰赛科技 | 24.75 | 151 | 3.78 | 137 | 5.21 | 146 | 9.38 | 113 | 6.38 | 105 |
| 飞利信 | 24.30 | 152 | 4.95 | 112 | 5.89 | 138 | 8.62 | 131 | 4.84 | 150 |
| 金桥信息 | 24.06 | 153 | 3.35 | 148 | 4.80 | 148 | 9.59 | 104 | 6.31 | 109 |
| 佳都科技 | 23.93 | 154 | 3.08 | 154 | 7.43 | 111 | 7.71 | 158 | 5.72 | 115 |
| 工大高新 | 23.82 | 155 | 1.88 | 163 | 3.62 | 155 | 6.93 | 165 | 11.38 | 45 |

续表

| 公司 | 研发指数 | | 创新投入指数 | | 技术水平指数 | | 创新环境指数 | | 创新产出指数 | |
|------|------|------|------|------|------|------|------|------|------|------|
| | 得分 | 行业排名 | 得分 | 行业排名 | 得分 | 行业排名 | 得分 | 行业排名 | 得分 | 行业排名 |
| 恒锋信息 | 23.31 | 156 | 3.93 | 134 | 5.59 | 141 | 8.26 | 140 | 5.52 | 124 |
| 梦网集团 | 22.62 | 157 | 3.56 | 142 | 5.98 | 134 | 7.95 | 154 | 5.14 | 147 |
| 华鹏飞 | 22.29 | 158 | 4.45 | 118 | 2.01 | 162 | 9.82 | 99 | 6.01 | 112 |
| 达实智能 | 21.92 | 159 | 3.37 | 147 | 4.54 | 151 | 8.58 | 134 | 5.44 | 145 |
| 天夏智慧 | 20.93 | 160 | 3.52 | 143 | 3.54 | 156 | 10.83 | 69 | 3.04 | 165 |
| 立昂技术 | 19.72 | 161 | 2.83 | 159 | 2.75 | 158 | 8.62 | 132 | 5.52 | 123 |
| 中电鑫龙 | 19.44 | 162 | 4.27 | 123 | 2.37 | 161 | 7.98 | 149 | 4.81 | 151 |
| 真视通 | 19.39 | 163 | 3.17 | 151 | 2.65 | 159 | 8.06 | 146 | 5.52 | 125 |
| ＊ST 中安 | 16.09 | 164 | 2.27 | 162 | 1.54 | 163 | 9.17 | 119 | 3.11 | 164 |
| ST 慧球 | 15.59 | 165 | 0.00 | 165 | 0.42 | 165 | 9.65 | 100 | 5.52 | 128 |

# 第十章

# 宏观视角下研发指数的应用检验

上一章已经说明了微观层面上研发指数权重计算样本的代表性，论证了研发指数解释力度与研发强度指标的对比，包括对高新技术公司、公司价值与公司成长性的解释力度，发现研发指数的解释效力更高，最后还通过典型案例讨论了公司研发水平的效度。以上论证表明研发指数在微观层面上是有效的。

本章内容则是在上一章的基础上，进一步探讨研发指数在中观、宏观层面上，是否同样具有说明效力。本章中用于参考的宏观经济指标为经济周期变量（GDP 残差）和知识产权保护水平。

## 一、研发指数与经济周期

程惠芳等（2015）使用 26 个发达国家与 16 个发展中国家的面板数据，对研发投入的周期性变动进行了研究，发现经济周期会对公司的研发强度产生影响。其中，既有顺周期变动特征的情况（发达国家），也有逆周期变动特征的情况（发展中国家）。说明经济环境会影响到公司研发活动。其中，程慧芳等（2015）的研究证明了我国的研发强度呈现逆周期变化，即随着经济形势的好转，公司倾向于减少研发投入；随着经济形势的不佳，公司倾向于加大研发投入。程慧芳等对此的解释是，经济形势趋好时，公司拥有更多的投资机会获取现时收益，对长期性的风险投资兴趣不大；而当经济形势不好时，公司缺乏好的现时投资机会，因此更希望通过投资研发项目获取未来竞争优势。

　　研发指数的周期变动与之前研究对于研发活动受经济环境影响的结论相契合，下面本章将就研发指数随经济周期的变动规律进行进一步的探索。其中经济形势的周期变化规律采用计算 GDP 残差的方式度量［坎佩罗等（Campllo et al.，2003），鲍姆等（Baum et al.，2006）］。本章的 GDP 数据和 GDP 平减指数数据均来源于世界银行公布的数据，并以 2000 年为基年，将名义 GDP 调整为实际 GDP。对 GDP 数据对数化处理，并进行 White 检验和单位根检验，确定以 ARMA（1，1）模型对 GDP 增长率数据进行回归，并计算得出回归方程的残差，以 rgdp 为符号。rgdp 随年份的变化情况如图 10 - 1 所示。

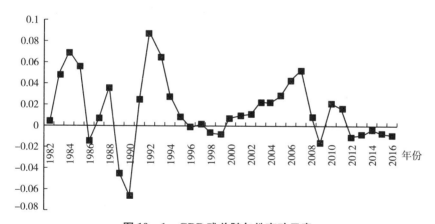

**图 10 - 1　GDP 残差随年份变动示意**

　　由图 10 - 1 可以发现，我国自 1982 年以来主要经历了五次大的经济周期波动，2012 年后开始进入"L"型震荡调整阶段，开始进行"三去一降一补"的结构性改革。样本所在的时间段（2007 年至 2017 年）至少涵盖了一个经济周期波动时段和一段 3 年以上的经济调整期。因此，可以进行回归研究（如样本不能涵盖至少一个整的经济周期，则回归结论不能说明研发投入水平在经济上升期和经济衰退期各自的影响）。

建立经济周期波动指标 rgdp 和研发指数的回归模型如式 10 - 1 和式
10 - 2 所示。其中式 10 - 1 是经济周期对研发总指数的回归，式 10 - 2 是对
研发指数各分项指标的回归。

$$rgdp_j = \alpha_0 + \alpha_1 \times score_{i,j} + \alpha_2 \times Size_{i,j} + \alpha_3 \times Lev_{i,j} + \varepsilon \quad （式 10-1）$$

$$rgdp_j = \beta_0 + \beta_1 \times score1_{i,j} + \beta_2 \times score2_{i,j} + \beta_3 \times score3_{i,j} + \beta_4 \times score4_{i,j}$$
$$+ \beta_5 \times Size_{i,j} + \beta_6 \times Lev_{i,j} + \mu \qquad （式 10-2）$$

其中，$rgdp_j$ 表示第 j 年的 GDP 残差，$score_{i,j}$ 表示 i 公司第 j 年的研发指
数；$score1_{i,j}$ 到 $score4_{i,j}$ 分别代表了创新投入、技术水平、创新环境和创新产
出四项指标在 i 公司第 j 年的得分情况。$Size_{i,j}$ 为公司总资产自然对数，$Lev_{i,j}$
为资产负债率。$\alpha$、$\beta$ 分别代表了各自的回归系数，$\varepsilon$、$\mu$ 代表了各自的回归
残差。两个回归模型的回归结果如表 10 - 1 所示，回归方法采用 robust 回
归，回归系数为标准化后系数。

表 10 - 1　　　　　　　研发指数与经济波动的实证检验

| rgdp | Model （4 - 5） | | Model （4 - 6） | |
| --- | --- | --- | --- | --- |
| score | 0.0369 | 4.97 *** | | |
| score1 | | | - 0.2509 | - 32.16 *** |
| score2 | | | 0.1310 | 17.80 *** |
| score3 | | | 0.1783 | 25.08 *** |
| score4 | | | 0.0528 | 8.00 *** |
| Size | - 0.1718 | - 23.95 *** | - 0.1537 | - 21.95 *** |
| Lev | 0.1661 | 21.48 *** | 0.1516 | 19.88 *** |
| _cons | 4.6132 | 20.94 *** | 2.7130 | 12.25 *** |
| 样本量 | 22094 | | 22094 | |
| F 检验 | 265.68 *** | | 373.26 *** | |
| Adj - R² | 3.48% | | 9.18% | |

注：显著性水平：*** 代表1%水平显著，** 代表5%水平显著，* 代表10%水平显著。

其中，研发指数整体、技术水平、创新环境和创新产出指标均与宏观经
济周期波动存在显著的正相关关系；创新投入指标与经济周期波动存在显著
的负相关关系。

回归的结果首先印证了程慧芳的研究：研发活动的投入水平确实与经济周期呈现逆向增长，说明经济形势趋好时，公司拥有更多的投资机会获取现时收益，对长期性的风险投资兴趣不大；而当经济形势不好时，公司缺乏好的现时投资机会，因此更希望通过投资研发项目获取未来竞争优势。

但是，除投入水平外，其他维度指标均呈现了顺经济周期特征。这给予我们启示：对于公司研发行为的评价不能仅仅局限于研发投入水平。在经济正向发展的环境中，虽然公司研发投入行为受到抑制，但是顺周期带来的自由现金流量和宽松的投资环境提升了公司的创新环境，公司的技术水平也由于条件允许雇佣更多高技术人才而得到提升。这些变化都会减弱经济发展对研发投入的抑制作用，甚至反过来促进了公司研发综合水平。在阴态经济环境下，虽然资金收紧和竞争加剧弱化了创新环境等因素，但是公司会加大研发投入力度，对研发综合水平起到治理和调节作用。因此，对公司研发行为的评价，一定不可仅仅局限于研发投入单一维度的评价，而要综合评判。

## 二、研发指数与知识产权保护水平

除宏观经济对公司研发会产生周期波动外，知识产权保护水平也会对公司研发投入产生重要影响。本章借鉴詹映（2013）的研究思路，设定知识产权保护指数 adipp。该指标由知识产权保护的立法水平和执法水平综合计算得出。表 10 - 2 显示了 2007 ~ 2017 年研发指数与知识产权保护水平的 Pearson 相关性检验，所有的相关系数均在 1% 水平上显著。

表 10 - 2　　研发指数与知识产权保护水平的 Pearson 相关性检验

| | score | score1 | score2 | score3 | score4 | adipp |
|---|---|---|---|---|---|---|
| score | 1 | | | | | |
| score1 | 0.578<br>(0.000) | 1.000 | | | | |

|  | score | score1 | score2 | score3 | score4 | adipp |
|---|---|---|---|---|---|---|
| score2 | 0.669<br>(0.000) | 0.307<br>(0.000) | 1.000 |  |  |  |
| score3 | 0.767<br>(0.000) | 0.360<br>(0.000) | 0.153<br>(0.000) | 1.000 |  |  |
| score4 | 0.251<br>(0.000) | 0.134<br>(0.000) | 0.135<br>(0.000) | −0.160<br>(0.000) | 1.000 |  |
| adipp | 0.110<br>(0.000) | −0.073<br>(0.000) | −0.046<br>(0.005) | 0.234<br>(0.000) | −0.064<br>(0.000) | 1.000 |

　　根据检验结果，我国上市公司的研发指数与知识产权保护水平显著正相关，说明随着知识产权保护水平的提升，我国公司研发创造价值的整体能力是正向变动的。这也为政府加强知识产权保护提供了支持性证据。具体而言，创新投入指标、技术水平指标和创新产出指标均与知识产权保护呈显著的负相关关系，说明知识产权保护力度的增加会抑制部分公司的研发活动；但知识产权保护水平与创新环境指标显著正相关，说明知识产权保护提升了公司创新环境的水平。综合来讲，知识产权保护是一把双刃剑，一方面，加强知识产权保护有利于创新环境的改善，保证了公司创新成果的独占性；另一方面，知识产权保护水平的提升过程抑制了我国公司的研发活动，说明知识产权保护水平的增加令知识资源的外溢水平降低，公司获取知识资源的成本提升，研发活动水平因此受到影响。

　　虽然知识产权保护是一把双刃剑，但是在研发指数指标的综合考量下，结果仍然支持知识产权保护力度的进一步增加。这一结论是在综合评价公司创新投入、技术水平、创新环境和创新产出各指标的基础上得出的，更加具有说服力。

# 本 篇 小 结

　　本篇内容重点探讨了研发指数的信度（稳定性）和效度（相关系）检

验。其中信度检验主要包括：研发指数权重设定的稳定性、研发指数基年选择的稳定性；效度检验主要包括：样本代表性的判断、公司研发指数对高新技术公司的说明力判断、公司研发指数对公司价值的说明力判断、公司研发指数对公司成长性的说明力判断、典型案例说明力判断等。通过论证，可以确认研发指数这一指标具有一定的稳定性和相关性。

在微观层面信度、效度论证的基础上，本篇章进一步尝试对宏观视角下公司研发指数的应用检验问题进行探讨。研究显示，公司研发指数可以反映宏观周期波动因素，包括经济波动因素和知识产权水平波动因素等。通过相关性分析和回归分析，本章发现公司的创新投入与经济周期波动存在逆向关系，但技术水平、创新环境和创新产出等与经济周期波动存在正向关系，两者综合影响了公司研发活动的价值创造水平。综合的结果显示，研发活动价值创造整体上与经济波动是正相关的。

知识产权保护水平与经济周期波动的作用效果相似。一方面，知识产权保护水平提升会改善创新环境，另一方提升的保护水平会抑制知识的外溢，使得公司获取知识资源的难度增加，从而抑制了公司的创新活动。综合来看，知识产权保护水平的提升也会整体上增加公司的研发指数水平，对公司研发创新的综合能力有利。本章的研究结论支持政府进一步增加知识产权保护的力度。

第五篇

# 中国研发指数综合报告

通过上文的设计和分析过程，研究小组认为本书提出的研发指数具有科学性与合理性，可以用于公司、行业甚至国家研发行为的综合评价，帮助人们解决微观、中观乃至宏观层面的研发行为综合评价问题。第十一章将对上文构造的研发指数进行进一步的实证分析，并得出上市公司 2012～2017 年研发指数分析报告；第十二章则重点探讨行业研发指数与国家研发指数的构建与评价问题。

# 第十一章

# 上市公司研发指数报告

## 一、上市公司研发指数综合排名（2012～2017年）

表11-1给出了上市公司研发指数综合排名（以平均研发指数为准），各分项目的研发指数排名在附录一中给出。选择2012年作为节点而非2007年，主要考虑到：首先，2007年新准则出台后，上市公司和市场都需要一段时间的学习和消化，开始几年的数据质量和可比性不如以后年份有优势；其次，2012年证监会对研发信息披露规范做出了较大规模的修订，本书第四章数据基础部分有详细讨论。2012年后研发信息质量有了显著提高。因此，以2012年为节点，考察2012～2017年企业平均研发指数，并以此排序，得到表11-1中3038家上市公司排名前100的公司如下。

表11-1　上市公司综合研发指数排名前100的公司（2012～2017年）

| 公司简称 | 2012年 | 2013年 | 2014年 | 2015年 | 2016年 | 2017年 | 平均 | 排名 |
|---|---|---|---|---|---|---|---|---|
| 全志科技 | | | | 56.75 | 60.42 | 59.63 | 58.93 | 1 |
| 景嘉微 | | | | | 56.09 | 56.85 | 56.47 | 2 |
| 中颖电子 | 59.31 | 60.79 | 55.19 | 51.89 | 50.73 | | 55.58 | 3 |
| 拓尔思 | 54.26 | 59.38 | 58.32 | 56.46 | 55.86 | 47.95 | 55.37 | 4 |

| 公司简称 | 2012 年 | 2013 年 | 2014 年 | 2015 年 | 2016 年 | 2017 年 | 平均 | 排名 |
|---|---|---|---|---|---|---|---|---|
| 久其软件 | 56.05 | 61.76 | 62.82 | 53.59 | 52.00 | 43.54 | 54.96 | 5 |
| 东方国信 | 53.94 | 52.36 | 55.91 | 53.85 | 49.75 | 61.32 | 54.52 | 6 |
| 绿盟科技 | | 40.50 | 57.08 | 57.27 | 56.65 | 56.90 | 53.68 | 7 |
| 数码科技 | 55.04 | 56.45 | 54.94 | 52.07 | 53.42 | 49.04 | 53.49 | 8 |
| 超图软件 | 49.29 | 54.96 | 58.09 | 58.05 | 51.93 | 48.29 | 53.43 | 9 |
| 电魂网络 | | | | | 53.41 | 53.34 | 53.38 | 10 |
| 网达软件 | | | | | 49.00 | 56.65 | 52.83 | 11 |
| 汇顶科技 | | | | | 47.34 | 57.72 | 52.53 | 12 |
| 北京君正 | 57.26 | 59.28 | 57.17 | 52.67 | 40.87 | 47.43 | 52.45 | 13 |
| 中青宝 | 50.24 | 55.39 | 59.44 | 47.14 | 53.52 | 48.95 | 52.45 | 14 |
| 紫光国芯 | 51.59 | 52.09 | 53.43 | 56.06 | 51.36 | 49.95 | 52.42 | 15 |
| 兆日科技 | 37.56 | 45.56 | 49.50 | 56.69 | 64.70 | 59.61 | 52.27 | 16 |
| 沃森生物 | 42.72 | 60.63 | 50.21 | 51.43 | 56.65 | 51.30 | 52.16 | 17 |
| 苏州科达 | | | | | 51.76 | 52.01 | 51.89 | 18 |
| *ST 智慧 | 61.90 | 62.18 | 48.00 | 45.87 | 43.56 | 47.58 | 51.51 | 19 |
| 国民技术 | 57.47 | 51.77 | 51.75 | 55.30 | 44.42 | 48.23 | 51.49 | 20 |
| 东方通 | | 43.09 | 53.35 | 50.75 | 51.20 | 57.29 | 51.14 | 21 |
| 和仁科技 | | | | | 52.10 | 49.76 | 50.93 | 22 |
| 潜能恒信 | 49.94 | 50.65 | 56.28 | 53.73 | 44.42 | 47.13 | 50.36 | 23 |
| 科大讯飞 | 51.09 | 54.12 | 52.88 | 47.76 | 48.94 | 45.72 | 50.08 | 24 |
| 迅游科技 | | | | 39.93 | 59.36 | 50.63 | 49.97 | 25 |
| 四维图新 | 50.57 | 49.57 | 50.82 | 51.25 | 47.92 | 47.23 | 49.56 | 26 |
| 理邦仪器 | 48.92 | 50.45 | 51.22 | 51.49 | 46.04 | 47.03 | 49.19 | 27 |
| 华宇软件 | 48.91 | 45.70 | 50.12 | 44.97 | 51.34 | 51.17 | 48.70 | 28 |
| 启明星辰 | 52.84 | 45.53 | 47.80 | 47.79 | 50.19 | 47.74 | 48.65 | 29 |
| 中文在线 | | | 35.55 | 58.90 | 44.70 | 54.88 | 48.51 | 30 |
| 川大智胜 | 50.20 | 50.88 | 50.14 | 50.17 | 44.76 | 44.84 | 48.50 | 31 |
| 中科创达 | | | | 48.41 | 50.77 | 45.85 | 48.34 | 32 |
| 恒生电子 | 54.47 | 50.75 | 38.64 | 49.94 | 48.56 | 47.65 | 48.33 | 33 |

| 公司简称 | 2012 年 | 2013 年 | 2014 年 | 2015 年 | 2016 年 | 2017 年 | 平均 | 排名 |
|---|---|---|---|---|---|---|---|---|
| 华力创通 | 60.03 | 48.83 | 47.24 | 52.56 | 45.29 | 35.72 | 48.28 | 34 |
| 盛讯达 | | | | | 50.06 | 46.10 | 48.08 | 35 |
| 北信源 | 36.67 | 53.48 | 61.61 | 46.20 | 43.69 | 46.83 | 48.08 | 36 |
| 二六三 | 51.56 | 50.99 | 50.26 | 37.51 | 48.41 | 48.76 | 47.91 | 37 |
| 广联达 | 55.53 | 47.92 | 50.07 | 39.94 | 47.08 | 43.68 | 47.37 | 38 |
| 博思软件 | | | | | 44.77 | 49.95 | 47.36 | 39 |
| 博彦科技 | 43.29 | 48.07 | 48.73 | 48.35 | 48.40 | 47.31 | 47.36 | 40 |
| 暴风集团 | | | | 57.23 | 44.62 | 39.74 | 47.20 | 41 |
| 远光软件 | 49.09 | 48.41 | 46.90 | 45.99 | 45.90 | 44.76 | 46.84 | 42 |
| 维宏股份 | | | | | 45.80 | 47.69 | 46.75 | 43 |
| 新晨科技 | | | | | 47.03 | 45.12 | 46.08 | 44 |
| 南威软件 | | | 44.00 | 47.62 | 50.20 | 42.48 | 46.08 | 45 |
| 同花顺 | 45.62 | 57.91 | 45.43 | 42.97 | 36.98 | 46.61 | 45.92 | 46 |
| 兆易创新 | | | | | 44.96 | 46.71 | 45.84 | 47 |
| 赢时胜 | | 45.80 | 46.68 | 45.85 | 44.41 | 45.57 | 45.66 | 48 |
| 乐视网 | 54.45 | 49.40 | 42.04 | 42.20 | 44.19 | 41.27 | 45.59 | 49 |
| 掌趣科技 | 44.49 | 47.34 | 48.80 | 46.96 | 44.49 | 41.22 | 45.55 | 50 |
| 朗玛信息 | 46.31 | 57.57 | 54.12 | 44.25 | 40.73 | 30.30 | 45.55 | 51 |
| 万达信息 | 56.69 | 40.68 | 38.44 | 51.84 | 48.12 | 37.49 | 45.54 | 52 |
| 顺网科技 | 43.13 | 48.70 | 45.52 | 43.16 | 46.84 | 44.56 | 45.32 | 53 |
| 高德红外 | 44.04 | 40.92 | 50.50 | 45.30 | 45.31 | 45.32 | 45.23 | 54 |
| 盛天网络 | | | | 49.41 | 37.98 | 48.24 | 45.21 | 55 |
| 中国软件 | 45.80 | 42.70 | 42.53 | 43.56 | 46.88 | 46.58 | 44.68 | 56 |
| 美亚柏科 | 46.73 | 47.38 | 45.40 | 44.68 | 44.16 | 39.63 | 44.66 | 57 |
| 东土科技 | 48.00 | 49.05 | 44.43 | 38.42 | 43.69 | 43.70 | 44.55 | 58 |
| 天源迪科 | 52.45 | 48.71 | 46.18 | 45.22 | 38.87 | 35.74 | 44.53 | 59 |
| 吉比特 | | | | | 43.40 | 45.57 | 44.48 | 60 |
| 海虹控股 | 35.52 | 41.33 | 41.77 | 50.27 | 51.04 | 46.89 | 44.47 | 61 |
| 方直科技 | 37.48 | 39.28 | 44.57 | 40.19 | 52.36 | 52.88 | 44.46 | 62 |

续表

| 公司简称 | 2012 年 | 2013 年 | 2014 年 | 2015 年 | 2016 年 | 2017 年 | 平均 | 排名 |
|---|---|---|---|---|---|---|---|---|
| 双鹭药业 | 50.72 | 40.90 | 48.60 | 47.27 | 41.60 | 36.61 | 44.28 | 63 |
| 久之洋 | | | | | 40.44 | 48.00 | 44.22 | 64 |
| 广生堂 | | | | 39.68 | 45.96 | 45.68 | 43.78 | 65 |
| *ST 信通 | 41.31 | 49.93 | 49.72 | 41.81 | 44.39 | 34.77 | 43.65 | 66 |
| 北方华创 | 41.81 | 41.12 | 42.19 | 42.69 | 48.03 | 43.48 | 43.22 | 67 |
| 任子行 | 40.29 | 48.58 | 42.97 | 43.71 | 40.66 | 41.58 | 42.97 | 68 |
| 冰川网络 | | | | | 41.57 | 44.36 | 42.96 | 69 |
| 世纪鼎利 | 57.63 | 48.20 | 41.02 | 36.65 | 38.23 | 35.57 | 42.88 | 70 |
| 辰安科技 | | | | | 44.47 | 40.99 | 42.73 | 71 |
| 佳创视讯 | 42.03 | 48.29 | 44.88 | 43.67 | 36.71 | 40.53 | 42.69 | 72 |
| 焦点科技 | 42.71 | 41.69 | 47.51 | 43.84 | 43.15 | 36.80 | 42.62 | 73 |
| 海思科 | 42.65 | 42.76 | 44.13 | 43.24 | 40.89 | 40.74 | 42.40 | 74 |
| 汉得信息 | 45.98 | 48.53 | 48.93 | 33.27 | 30.68 | 45.92 | 42.22 | 75 |
| 网宿科技 | 37.60 | 41.01 | 44.57 | 43.31 | 44.65 | 41.77 | 42.15 | 76 |
| 信威集团 | 46.83 | 48.40 | 39.95 | 34.22 | 36.17 | 47.00 | 42.09 | 77 |
| 大立科技 | 44.29 | 37.53 | 39.93 | 35.75 | 51.84 | 43.16 | 42.08 | 78 |
| 天和防务 | | | 38.01 | 48.05 | 43.46 | 38.39 | 41.98 | 79 |
| 京天利 | | | 43.45 | 44.11 | 43.10 | 36.95 | 41.91 | 80 |
| 移为通信 | | | | | 41.77 | 41.63 | 41.70 | 81 |
| 晓程科技 | 45.98 | 38.41 | 43.98 | 40.56 | 40.76 | 40.39 | 41.68 | 82 |
| 泰格医药 | 42.72 | 45.94 | 39.52 | 35.12 | 43.49 | 41.69 | 41.41 | 83 |
| 思维列控 | | | | 36.66 | 42.16 | 45.00 | 41.27 | 84 |
| 达志科技 | | | | | 38.90 | 43.60 | 41.25 | 85 |
| 浪潮软件 | 37.91 | 35.79 | 37.66 | 41.66 | 43.08 | 50.71 | 41.14 | 86 |
| 用友网络 | 36.23 | 40.55 | 40.42 | 42.16 | 44.00 | 42.47 | 40.97 | 87 |
| 四方精创 | | | | 38.56 | 41.61 | 42.73 | 40.97 | 88 |
| 鼎捷软件 | | 27.19 | 43.96 | 47.83 | 35.89 | 49.88 | 40.95 | 89 |
| 上海贝岭 | 37.18 | 41.61 | 43.75 | 40.39 | 41.79 | 40.92 | 40.94 | 90 |
| 双成药业 | 39.53 | 43.48 | 47.54 | 36.94 | 43.01 | 34.98 | 40.91 | 91 |

| 公司简称 | 2012 年 | 2013 年 | 2014 年 | 2015 年 | 2016 年 | 2017 年 | 平均 | 排名 |
|---|---|---|---|---|---|---|---|---|
| 汇金科技 | | | | | 40.61 | 41.04 | 40.82 | 92 |
| 盈方微 | 19.22 | 24.33 | 45.51 | 55.70 | 51.57 | 48.38 | 40.78 | 93 |
| 开立医疗 | | | | | 39.66 | 41.75 | 40.70 | 94 |
| 精测电子 | | | | | 41.48 | 39.87 | 40.67 | 95 |
| 星网宇达 | | | | | 41.50 | 39.83 | 40.66 | 96 |
| 易联众 | 34.90 | 40.25 | 36.46 | 42.47 | 46.48 | 43.03 | 40.60 | 97 |
| 合众思壮 | 46.07 | 41.28 | 46.17 | 40.65 | 37.29 | 31.76 | 40.54 | 98 |
| 星网锐捷 | 40.74 | 41.45 | 42.57 | 40.34 | 41.08 | 36.05 | 40.37 | 99 |
| 天玑科技 | 38.56 | 44.15 | 43.61 | 39.71 | 38.59 | 37.56 | 40.36 | 100 |

## 二、上市公司研发指数分布特征

公司研发指数包含四个主要维度，即创新投入、技术水平、创新环境和创新产出。四个维度均可以通过样本公司的观测值和权重计算出各自对应得分。表 11 - 2 显示了对研发指数依不同年度分项计算得分的情况，各项得分为公司得分的加权平均数，并选择各企业的营业收入作为权重计算。

表 11 - 2　　　　　　　　　2007～2017 年度研发指数分项评分

| 年份 | 创新投入 | 技术水平 | 创新环境 | 创新产出 | 研发指数 |
|---|---|---|---|---|---|
| 2007 | 0.87 | 6.35 | 9.65 | 7.96 | 24.84 |
| 2008 | 0.74 | 6.20 | 8.53 | 7.67 | 23.14 |
| 2009 | 1.11 | 6.25 | 8.42 | 6.92 | 22.69 |
| 2010 | 0.89 | 6.75 | 7.95 | 6.13 | 21.72 |
| 2011 | 0.91 | 6.66 | 7.21 | 5.81 | 20.59 |
| 2012 | 1.04 | 6.45 | 7.96 | 5.74 | 21.18 |
| 2013 | 1.54 | 5.80 | 7.61 | 5.86 | 20.81 |
| 2014 | 1.61 | 6.02 | 8.30 | 5.88 | 21.82 |

| 年份 | 创新投入 | 技术水平 | 创新环境 | 创新产出 | 研发指数 |
|------|----------|----------|----------|----------|----------|
| 2015 | 1.62 | 6.26 | 7.98 | 5.79 | 21.65 |
| 2016 | 1.97 | 6.51 | 8.01 | 5.59 | 22.08 |
| 2017 | 2.13 | 6.26 | 8.20 | 6.05 | 22.64 |

图 11－1、图 11－2 将表 11－2 的分数随时间的变动以折线图的形式表达，各项的得分进行了标准化处理。

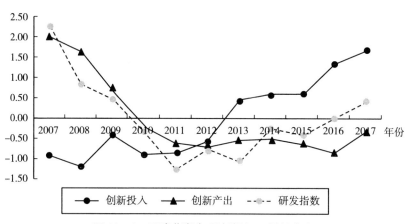

**图 11－1 研发指数与创新投入、创新产出**

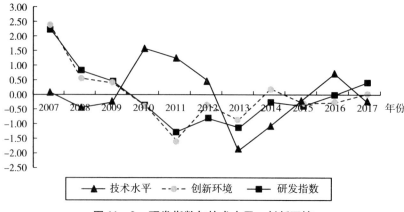

**图 11－2 研发指数与技术水平、创新环境**

　　从图 11 - 1、图 11 - 2 中,可以看出 2007 ～ 2017 年上市公司研发指数呈正 "U" 型变化趋势,2011 年达到最低点。图 11 - 2 的 "创新环境" 因素与研发指数的变动趋势基本一致,说明 "创新环境" 是公司研发指数重要的影响指标。图 11 - 1 显示了 "创新投入" 呈逐年上涨趋势,但与之相对应的,"创新产出" 则出现了逐年下滑。这一点尤其需要警惕,说明近年来创新投入虽然规模不断增长,但最终成果的孵化水平反而出现了回落,显示出研发效率有待提升。此外,图 11 - 2 中 "技术水平" 因素表现出了周期波动特征,说明近年来上市公司研发技术水平总体保持平稳发展,但没有出现显著提升。

# 第十二章

# 宏观层面研发指数报告

## 一、行业研发指数

### (一) 行业研发指数的分布特征

对研发指数依行业进行区分,统计各行业研发指数的分布情况。在对行业进行统计的过程中,本章依照式 12 - 1 的方法计算行业研发指数指标。

$$\text{IND\_SCORE}_{a,j} = \frac{\sum_{i=1}^{m} \text{SCORE}_{a,i,j} \times \text{Rev}_{a,i,j}}{\sum_{i=1}^{m} \text{Rev}_{a,i,j}} \qquad (式 12 - 1)$$

式 12 - 1 中,IND_SCORE$_{a,j}$代表了行业 a 第 j 年的研发指数,m 为行业中的公司个数,本章剔除了 m≤3 的行业样本,以避免过小样本对整体结论的偏误影响。SCORE$_{a,i,j}$代表了行业 a 中第 i 个公司第 j 年的研发指数,Rev$_{a,i,j}$代表了行业 a 中第 i 个公司第 j 年的收入总额。行业研发指数就是对公司研发指数以收入为权重的加权平均数。依式 12 - 1 计算的各行业 2012 ~ 2017 年度研发指数如表 12 - 1 所示。

表 12 - 1　　　　　行业研发指数的年度数据（2012 ~ 2017 年）

| 二级行业名称 | 2012 年 | 2013 年 | 2014 年 | 2015 年 | 2016 年 | 2017 年 | 平均 |
|---|---|---|---|---|---|---|---|
| 软件和信息技术服务业 | 33.23 | 34.38 | 35.88 | 35.28 | 35.15 | 34.95 | 34.81 |
| 互联网和相关服务 | 27.15 | 27.30 | 28.38 | 28.55 | 30.68 | 29.37 | 28.57 |
| 卫生 | 28.99 | 30.52 | 27.54 | 23.96 | 26.07 | 26.01 | 27.18 |
| 专业技术服务业 | 27.14 | 28.68 | 27.10 | 26.52 | 24.60 | 26.32 | 26.73 |
| 仪器仪表制造业 | 27.64 | 26.51 | 26.60 | 25.83 | 26.51 | 26.97 | 26.68 |
| 文化艺术业 | 22.13 | 23.35 | 27.12 | 26.00 | 29.40 | 30.63 | 26.44 |
| 医药制造业 | 24.79 | 25.85 | 26.25 | 25.65 | 26.47 | 26.58 | 25.93 |
| 计算机、通信和其他电子设备制造业 | 25.39 | 24.91 | 25.86 | 25.89 | 26.72 | 26.62 | 25.90 |
| 电信、广播电视和卫星传输服务 | 28.10 | 28.71 | 25.73 | 24.68 | 22.56 | 23.31 | 25.52 |
| 生态保护和环境治理业 | 26.86 | 25.86 | 26.26 | 24.49 | 24.94 | 24.59 | 25.50 |
| 土木工程建筑业 | 24.35 | 23.33 | 25.20 | 25.61 | 26.64 | 26.18 | 25.22 |
| 铁路、船舶、航空航天和其他运输设备制造业 | 23.73 | 23.64 | 24.12 | 25.98 | 27.69 | 25.12 | 25.05 |
| 文教、工美、体育和娱乐用品制造业 | 23.81 | 24.73 | 26.37 | 24.69 | 24.36 | 25.03 | 24.83 |
| 广播、电视、电影和影视录音制作业 | 25.21 | 23.72 | 23.33 | 24.11 | 23.73 | 23.81 | 23.99 |
| 邮政业 | 19.77 | 20.25 | 20.91 | 22.17 | 32.65 | 27.44 | 23.87 |
| 专用设备制造业 | 23.91 | 23.51 | 24.01 | 23.23 | 23.86 | 24.42 | 23.83 |
| 新闻和出版业 | 21.69 | 22.14 | 24.21 | 24.57 | 23.02 | 25.83 | 23.58 |
| 开采辅助活动 | 22.63 | 22.86 | 25.07 | 20.00 | 26.09 | 23.89 | 23.42 |
| 渔业 | 25.10 | 23.47 | 24.14 | 20.37 | 22.70 | 23.77 | 23.26 |
| 印刷和记录媒介复制业 | 25.23 | 23.63 | 22.95 | 23.49 | 21.73 | 22.14 | 23.19 |
| 农业 | 20.19 | 24.40 | 21.26 | 23.00 | 24.85 | 25.17 | 23.15 |
| 皮革、毛皮、羽毛及其制品和制鞋业 | 25.90 | 25.69 | 23.56 | 19.58 | 21.40 | 21.94 | 23.01 |
| 水的生产和供应业 | 23.03 | 22.39 | 23.22 | 22.20 | 21.56 | 24.58 | 22.83 |

续表

| 二级行业名称 | 2012 年 | 2013 年 | 2014 年 | 2015 年 | 2016 年 | 2017 年 | 平均 |
|---|---|---|---|---|---|---|---|
| 橡胶和塑料制品业 | 22.84 | 22.07 | 22.68 | 22.29 | 23.11 | 23.93 | 22.82 |
| 造纸及纸制品业 | 22.53 | 23.96 | 21.73 | 24.17 | 21.69 | 22.50 | 22.76 |
| 酒、饮料和精制茶制造业 | 25.07 | 22.36 | 21.84 | 21.66 | 22.18 | 22.10 | 22.53 |
| 纺织服装、服饰业 | 21.90 | 23.06 | 23.45 | 22.69 | 21.45 | 22.43 | 22.50 |
| 通用设备制造业 | 22.39 | 21.37 | 22.48 | 21.85 | 22.74 | 23.79 | 22.44 |
| 综合 | 20.83 | 19.70 | 21.99 | 21.31 | 25.71 | 24.94 | 22.41 |
| 废弃资源综合利用业 | 24.74 | 21.42 | 22.12 | 20.62 | 23.64 | 21.89 | 22.40 |
| 电气机械及器材制造业 | 20.91 | 22.13 | 22.65 | 22.40 | 23.07 | 23.27 | 22.40 |
| 有色金属矿采选业 | 21.53 | 22.47 | 23.68 | 21.37 | 22.60 | 22.70 | 22.39 |
| 化学原料及化学制品制造业 | 23.07 | 21.11 | 21.98 | 21.93 | 21.86 | 23.57 | 22.25 |
| 汽车制造业 | 25.20 | 20.99 | 22.19 | 21.97 | 22.03 | 20.64 | 22.17 |
| 石油加工、炼焦及核燃料加工业 | 18.90 | 20.58 | 24.15 | 22.20 | 22.04 | 25.07 | 22.16 |
| 家具制造业 | 25.22 | 20.34 | 21.26 | 20.90 | 21.74 | 22.28 | 21.96 |
| 食品制造业 | 21.67 | 21.25 | 21.65 | 21.95 | 21.80 | 22.29 | 21.77 |
| 木材加工及木、竹、藤、棕、草制品业 | 19.10 | 20.81 | 21.28 | 21.63 | 23.81 | 23.80 | 21.74 |
| 农副食品加工业 | 20.01 | 21.24 | 23.56 | 21.46 | 21.46 | 22.29 | 21.67 |
| 零售业 | 20.58 | 20.82 | 21.09 | 21.97 | 20.49 | 23.81 | 21.46 |
| 装卸搬运和其他运输代理 | 18.85 | 21.20 | 23.20 | 20.62 | 21.63 | 22.38 | 21.31 |
| 道路运输业 | 20.39 | 21.89 | 22.59 | 19.89 | 21.22 | 21.74 | 21.29 |
| 纺织业 | 21.33 | 20.67 | 21.27 | 21.37 | 21.44 | 21.29 | 21.23 |
| 仓储业 | 21.52 | 21.62 | 22.92 | 20.29 | 20.18 | 19.37 | 20.98 |
| 黑色金属冶炼及压延加工 | 20.82 | 20.69 | 21.55 | 20.42 | 19.68 | 21.14 | 20.72 |
| 煤炭开采和洗选业 | 21.84 | 20.54 | 20.79 | 20.13 | 18.98 | 21.11 | 20.56 |
| 林业 | 18.43 | 19.36 | 21.11 | 20.10 | 22.61 | 20.66 | 20.38 |
| 畜牧业 | 20.93 | 20.15 | 21.11 | 21.93 | 18.39 | 18.86 | 20.23 |
| 黑色金属矿采选业 | 21.99 | 19.15 | 19.88 | 18.69 | 21.12 | 20.21 | 20.17 |
| 非金属矿物制品业 | 20.65 | 18.11 | 19.26 | 20.65 | 20.64 | 21.53 | 20.14 |

| 二级行业名称 | 2012 年 | 2013 年 | 2014 年 | 2015 年 | 2016 年 | 2017 年 | 平均 |
|---|---|---|---|---|---|---|---|
| 住宿业 | 19.87 | 18.64 | 19.79 | 18.62 | 21.81 | 21.46 | 20.03 |
| 有色金属冶炼及压延加工 | 20.91 | 20.64 | 20.22 | 19.00 | 19.95 | 19.42 | 20.02 |
| 建筑装饰和其他建筑业 | 21.47 | 19.38 | 19.28 | 18.79 | 19.96 | 20.43 | 19.88 |
| 化学纤维制造业 | 19.68 | 18.08 | 20.68 | 18.59 | 20.78 | 20.90 | 19.78 |
| 金属制品业 | 21.50 | 18.69 | 20.03 | 19.20 | 19.31 | 19.90 | 19.77 |
| 商务服务业 | 20.06 | 18.99 | 19.68 | 20.71 | 19.36 | 19.44 | 19.71 |
| 其他制造业 | 18.77 | 22.18 | 20.65 | 18.45 | 18.91 | 19.13 | 19.68 |
| 批发业 | 19.49 | 18.66 | 21.23 | 18.94 | 19.39 | 19.87 | 19.60 |
| 租赁业 | 18.37 | 17.71 | 17.98 | 19.58 | 21.42 | 22.52 | 19.60 |
| 石油和天然气开采业 | 17.93 | 18.60 | 19.06 | 19.36 | 18.55 | 21.38 | 19.15 |
| 水上运输业 | 17.61 | 17.78 | 21.22 | 19.53 | 18.25 | 20.49 | 19.14 |
| 房地产业 | 19.22 | 17.23 | 18.46 | 18.15 | 20.13 | 20.16 | 18.89 |
| 电力、热力生产和供应业 | 18.32 | 17.81 | 21.26 | 16.80 | 18.27 | 19.52 | 18.66 |
| 公共设施管理业 | 17.77 | 16.77 | 17.90 | 18.04 | 18.61 | 22.07 | 18.53 |
| 燃气生产和供应业 | 17.84 | 18.60 | 18.67 | 18.74 | 17.83 | 18.02 | 18.28 |
| 铁路运输业 | 16.85 | 16.15 | 16.77 | 16.26 | 16.02 | 17.22 | 16.54 |

　　由于部分行业的样本量没有达到要求，在计算中予以删除，表 12 - 1 列示的是上市公司部分行业的研发指数分布情况。根据表 12 - 1 的数据，软件和信息技术服务业、互联网和相关服务业、卫生、专业技术服务业和仪器仪表制造业的行业研发指数水平最高。其中，排名第一的软件和信息技术服务业得分明显高于其他行业，是行业研发综合水平最高的行业。

## （二）行业研发指数的定性评价

　　考察依照行业排名计算的行业研发指数的变动规律和指标差异如图 12 - 1 和图 12 - 2 所示。

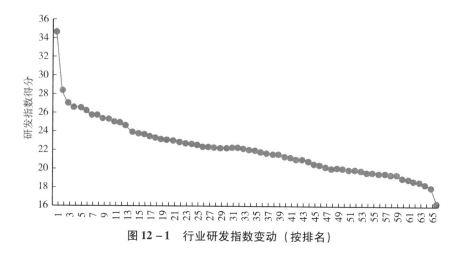

图 12 - 1 行业研发指数变动（按排名）

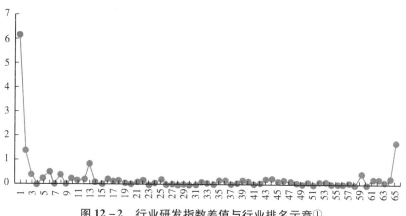

图 12 - 2 行业研发指数差值与行业排名示意①

根据图 12 - 1 和图 12 - 2 所示，几个行业研发指数的极大差异点分别在行业 1（软件和信息技术服务业，34.81）、行业 2（互联网和相关服务，28.57）、行业 13（文教、工美、体育和娱乐用品制造业，24.83）、行业 59（租赁业，19.60）、行业 65（燃气生产和供应业，18.28）、行业 66（铁路运输业，16.54）。参照出现极大差异点的行业研发指数得分，可以人为地将研发指数的强弱水平依表 12 - 2 进行相对定性的划分：

① 图中横坐标为行业排名，纵坐标为该行业与前一名行业的行业研发指数之差。

表 12 - 2　　　　　　　　　　研发指数分阶段定性划分依据

| 研发指数取值区间 | 定性评价 |
| --- | --- |
| >30 | 极强 |
| 27~30 | 很强 |
| 24~27 | 较强 |
| 19.5~24 | 一般 |
| 18~19.5 | 较弱 |
| <18 | 很弱 |

# 二、国家研发指数报告

## （一）国家研发指数的年度分布

为了研究研发指数反映宏观经济的适用性，本章利用编制行业研发指数的方式依年度对样本的研发指数加权平均，生成国家研发指数，并检验基于会计信息汇总产生的国家研发指数是否与国家宏观层面的经济指标相关。编制的国家研发指数如表 12 - 3 所示。

表 12 - 3　　　　　　　　　　国家研发指数的年度分布

| 年份 | 国家研发指数 | 创新投入 | 技术水平 | 创新环境 | 创新产出 |
| --- | --- | --- | --- | --- | --- |
| 2007 | 24.8359 | 0.8702 | 6.3485 | 9.6525 | 7.9647 |
| 2008 | 23.1422 | 0.7435 | 6.2006 | 8.5268 | 7.6714 |
| 2009 | 22.6899 | 1.1118 | 6.2460 | 8.4163 | 6.9158 |
| 2010 | 21.7195 | 0.8923 | 6.7498 | 7.9513 | 6.1260 |
| 2011 | 20.5881 | 0.9101 | 6.6571 | 7.2117 | 5.8092 |
| 2012 | 21.1845 | 1.0379 | 6.4465 | 7.9590 | 5.7411 |
| 2013 | 20.8085 | 1.5351 | 5.8013 | 7.6137 | 5.8584 |

| 年份 | 国家研发指数 | 创新投入 | 技术水平 | 创新环境 | 创新产出 |
|---|---|---|---|---|---|
| 2014 | 21.8211 | 1.6147 | 6.0221 | 8.3047 | 5.8796 |
| 2015 | 21.6519 | 1.6161 | 6.2625 | 7.9826 | 5.7908 |
| 2016 | 22.0767 | 1.9696 | 6.5081 | 8.0128 | 5.5862 |
| 2017 | 22.6361 | 2.1325 | 6.2613 | 8.1966 | 6.0457 |

## （二）国家研发指数与宏观经济指标相关性

本章选择了经济波动指标（GDP 的残差）和国家 R&D 投入强度指标（国家 R&D 投入/当期 GDP），考察其与国家研发指数各项指标的相关性，结果如表 12 - 4 所示。

表 12 - 4 国家研发指数与经济波动、国家 R&D 投入强度的相关性分析

| 项目 | 国家研发指数 | 创新投入 | 技术水平 | 创新环境 | 创新产出 | 经济波动 | 国家 R&D 投入强度 |
|---|---|---|---|---|---|---|---|
| 国家研发指数 | 1.000 | | | | | | |
| 创新投入 | -0.311 | 1.000 | | | | | |
| 技术水平 | -0.032 | -0.351 | 1.000 | | | | |
| 创新环境 | 0.967 | -0.255 | -0.140 | 1.000 | | | |
| 创新产出 | 0.883 | -0.626 | -0.101 | 0.818 | 1.000 | | |
| 经济波动 | 0.581 | -0.577 | 0.361 | 0.541 | 0.594 | 1.000 | |
| 国家 R&D 投入强度 | -0.708 | 0.865 | -0.173 | -0.625 | -0.917 | -0.715 | 1.000 |

从相关系数来看，国家研发指数与经济波动和国家 R&D 投入强度具有一定的相关关系。图 12 - 3 与图 12 - 4 反映了国家研发指数与经济波动和国家 R&D 投入强度的变动规律。①

① 由于各项指标的量纲不一致，为了方便观察指标间的变动关系，本章将各指标进行了标准化处理。处理方法为：（指标 - 指标平均值）/指标标准差。

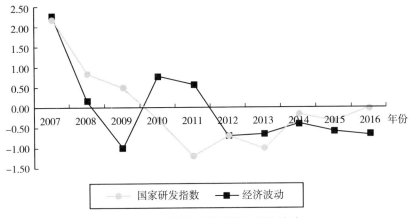

**图 12 - 3　国家研发指数与经济波动**

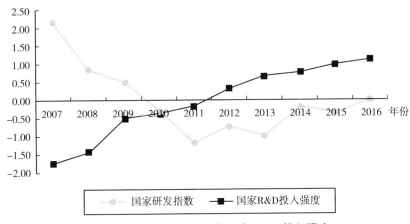

**图 12 - 4　国家研发指数与国家 R&D 投入强度**

图 12 - 3 显示出 2007 年以来，国家研发指数与经济走势均呈现出较为明显的"L"型走势，体现出经济形势发展与国家研发水平具有一定的相关性；图 12 - 4 以 2011 年为界，2011 年前国家研发指数与国家研发投入强度呈逆向变动，2011 年后则为正向变动。由于国家研发指数是企业研发指数的宏观表达，体现了国家中企业平均研发行为，这就说明 2011 年前国家的研发投入抑制了企业研发行为，而 2011 年后则开始促进企业研发行为。本书以公司会计提供的微观数据进行汇总，研发投入的主体是公司；而国家 R&D 投入的主体是国家。已有的研究发现两者存在互补效应，国家投入研

发的力度增加，会抑制公司研发投入的强度（张东红，2009）。国家研发产品的公共品特征和较弱的知识产权保护水平会导致企业不需投入大量资金研发即可享用相关研发成果。但这种抑制作用在 2011 年后转变为促进作用，说明国家研发投入开始在企业微观层面上引起了积极的反应，表现出促进企业研发投入的正向循环。

根据图 12 – 3 和图 12 – 4，通过与宏观经济数据进行对比显示，本书依照微观会计数据生成的国家研发指数具有一定的代表性和说明力。

## （三）国家研发指数的分项分析

进一步分析国家研发指数的各个组成部分，其中创新投入指标在逻辑上与国家 R&D 投入强度应当具有一定的因果关系（在促进作用前提下）。图 12 –5 反映了两者的变化规律。可以发现，创新投入指标与国家 R&D 投入强度的变化趋势基本一致，呈现逐年增长，相关系数为 0.856，说明两者具有强相关关系，国家 R&D 投入效果可以被研发指数的"创新投入"指标反映。这进一步证明了微观层面的研发指数具有宏观代表性。

图 12 –5 创新投入与国家 R&D 投入强度

# 本　篇　小　结

　　本篇内容是对上文设计完成并得到验证的研发指数进行的应用分析，共分为两个层面。微观层面上，求得了上市公司各年度研发指数；宏观层面上，探讨了行业研发指数和国家研发指数的构建问题。自微观向宏观过度的过程中，研究小组选择的方法是以公司收入水平为权重计算公司研发指数的加权平均数。以这种方法构建的行业研发指数与国家研发指数较好地反映了实际情况，说明此类构建方法具有合理性。

　　构建行业研发指数和国家研发指数是对公司微观数据进行宏观应用的一种尝试。对于扩大会计信息应用范围和影响力有积极作用。本篇利用宏观研发指数指标与宏观经济运行指标和国家科技投入水平指标进行了相关性分析。结论显示微观数据具有显示宏观问题的能力。这一结论进一步增强了研发指数的效用范围。

# 结　　语

## 一、研　究　结　论

本书针对微观公司的研发活动，构建了公司研发指数的评价指标体系，用以反映公司研发活动创造价值的能力，并在此基础上进一步探讨了指数的应用问题。本书的研究得出了如下主要成果和结论。

### （一）建立了公司研发指数的评价指标体系

本书创新性地提出"公司研发指数"的概念，尝试以构建指数的方式反映公司研发创新活动创造价值的能力，并围绕这一目标，构建了由四个主要维度（创新投入、技术水平、创新环境和创新产出）以及 15 项具体指标构成的研发指数指标体系。应用该指标体系计算的公司研发指数，可以较为综合地衡量公司研发创新的价值创造能力，有助于公司管理者决策、投资者对公司的评价以及政府相关管理部门的政策制定。同时，研发指数相对简练的表现形式更易于指数的推广应用，能够促进社会对公司研发活动的理解和重视。

### （二）指数的信度、效度得到检验

本书对构建的公司研发指数自身的信度和效度问题进行了不同形式的检

验。检验结果显示出一致性，均证明了公司研发指数的设计具备可信和有效的特征。在对公司研发指数进行汇总形成行业和国家研发指数的过程中，本书也发现虽然研发指数的基础数据来源于微观公司，但是研发指数可以反映宏观经济运行的特征。这进一步表现了研发指数信息的有效性。这也为未来研发指数的研究向宏观化发展提出了方向。

### （三）　研发指数应用的相关发现

本书在对研发指数具体应用的过程中，通过实证分析也发现了如下主要的研究结论：

第一，公司研发活动能够为公司带来价值提升，促进公司成长。本书发现研发指数较高的公司，未来的盈利能力和价值水平更高，公司成长速度更快，并且研发指数指标作为代理变量的解释力度优于研发强度指标。这一研究结果支持了创新经济增长理论和公司核心资源观等理论。

第二，公司研发投入行为存在逆经济周期特征，但考虑到技术水平、创新环境及创新产出的影响，公司研发价值创造能力并未因投入的减少而降低。两者综合影响了公司研发活动的价值创造水平。研发指数的综合评价结果显示，研发活动价值创造整体上与经济波动是正相关的。

第三，知识产权保护改善了研发环境，但对公司研发活动有抑制作用，综合考虑条件下知识产权保护有助于公司研发价值创造。

第四，监管部门管理力度的加强有助于提升公司研发信息披露质量，增强研发信息的价值相关性水平。

## 二、研　究　展　望

本书对研发指数的理论构建和应用探索尚处于研究的初级阶段，对于未来的相关研究，本书认为还可以从以下三个方面进行：

第一，进一步验证研发指数评价指标体系的科学性和合理性。通过结合案例的分析方法、中外对比研究的分析方法、大样本回归分析的方法等多方面对指标构建的信度、效度进行检验。根据检验结果对不合理的指标进行修正,以增加研发指数评价指标体系的说服力。

第二,进一步探讨行业研发指数和国家研发指数的构建问题和合理性检验。继续尝试利用微观公司数据反映宏观经济问题,并探讨建立在不同的信息背景和制度背景下,跨国家的研发指数评价方法。

第三,尝试建立研发指数数据库,对研发指数涉及的相关数据进行归纳和整理。研发领域的研究之所以困难重重,一个重要的原因在于数据获取的难度和处理难度均较大。部分数据和指标计算缺乏统一的衡量标准。对研发指数数据库的建立进行研究,有助于其他学者共同对研发指数的相关问题进行探索,对学科整体的发展有益。

# 附录一

# 公司研发指数调查问卷（初步测试）

## 一、您所在单位及您个人的基本信息

1. 性别（　　　）

A. 男               B. 女

2. 年龄（　　　）

A. 21～30 岁        B. 31～40 岁

C. 41～50 岁        D. 51 岁及以上

3. 教育程度（　　　）

A. 高中及以下       B. 本科或大专

C. 硕士             D. 博士及以上

4. 工作单位类别（　　　）

A. 公司技术部门      B. 公司管理部门

C. 公司生产部门      D. 高校教师

E. 研究机构专家      F. 政府机关

G. 事务所           H. 其他

5. 工作年限（　　　）

A. 1 年及以下       B. 2～4 年

C. 5～9 年          D. 10 年及以上

**二、"公司研发绩效"主要指公司开展研发活动产生的成果及其对公司价值的影响程度。以下为公司研发绩效的四个主要影响方面,请根据您判断的重要性程度加以权衡进行评分:**

1. 公司研发投入规模(如研发强度、研发费用增长率等)对研发绩效的影响(　　　)

(1. 完全不重要;2. 不太重要;3. 一般;4. 比较重要;5. 很重要。)

2. 公司研发实力(如员工学历、技术员工占比等)对研发绩效的影响(　　　)

(1. 完全不重要;2. 不太重要;3. 一般;4. 比较重要;5. 很重要。)

3. 公司研发创新环境(如公司文化、政策制度等)对研发绩效的影响(　　　)

(1. 完全不重要;2. 不太重要;3. 一般;4. 比较重要;5. 很重要。)

4. 公司研发产出量(如获批专利量、专利寿命等)对研发绩效的影响(　　　)

(1. 完全不重要;2. 不太重要;3. 一般;4. 比较重要;5. 很重要。)

**三、请您针对公司研发活动的具体影响因素提出感受和看法**

请您根据以下影响因素对公司研发绩效影响的重要程度,选择最为适合的数字。

1. 公司的自由现金持有量(　　　)

(1. 完全不重要;2. 不太重要;3. 一般;4. 比较重要;5. 很重要。)

2. 公司的融资成本高低(　　　)

(1. 完全不重要;2. 不太重要;3. 一般;4. 比较重要;5. 很重要。)

3. 公司的财务风险水平(　　　)

(1. 完全不重要;2. 不太重要;3. 一般;4. 比较重要;5. 很重要。)

4. 公司高层对于不同意见的包容程度(　　　)

(1. 完全不重要;2. 不太重要;3. 一般;4. 比较重要;5. 很重要。)

5. 公司所处行业的竞争压力大小(　　　)

（1. 完全不重要；2. 不太重要；3. 一般；4. 比较重要；5. 很重要。）

6. 公司董事会、监事会参与公司治理的勤勉程度（　　　）

（1. 完全不重要；2. 不太重要；3. 一般；4. 比较重要；5. 很重要。）

7. 公司大股东对公司控制力的强弱（　　　）

（1. 完全不重要；2. 不太重要；3. 一般；4. 比较重要；5. 很重要。）

8. 公司员工及管理层的学历高低（　　　）

（1. 完全不重要；2. 不太重要；3. 一般；4. 比较重要；5. 很重要。）

9. 公司技术人员数量规模大小（　　　）

（1. 完全不重要；2. 不太重要；3. 一般；4. 比较重要；5. 很重要。）

10. 公司在行业中所占的规模和份额高低（　　　）

（1. 完全不重要；2. 不太重要；3. 一般；4. 比较重要；5. 很重要。）

11. 公司在行业中的技术优势（或劣势）大小（　　　）

（1. 完全不重要；2. 不太重要；3. 一般；4. 比较重要；5. 很重要。）

12. 公司用于研发的资金投入水平高低（　　　）

（1. 完全不重要；2. 不太重要；3. 一般；4. 比较重要；5. 很重要。）

13. 公司用于研发的资金投入是否具有持续性或逐年增长（降低）
（　　　）

（1. 完全不重要；2. 不太重要；3. 一般；4. 比较重要；5. 很重要。）

14. 公司研发投入转化为科研成果的孵化能力（研发费用资本化率）
（　　　）

（1. 完全不重要；2. 不太重要；3. 一般；4. 比较重要；5. 很重要。）

15. 公司已有的知识资产存量（如已有的专利、著作、非专利技术等）
高低（　　　）

（1. 完全不重要；2. 不太重要；3. 一般；4. 比较重要；5. 很重要。）

16. 公司专利申请和获批量高低（　　　）

（1. 完全不重要；2. 不太重要；3. 一般；4. 比较重要；5. 很重要。）

17. 公司专利中发明类专利（知识含量高）所占比重高低（　　　）

（1. 完全不重要；2. 不太重要；3. 一般；4. 比较重要；5. 很重要。）

18. 公司专利的经济寿命长短 （    ）

（1. 完全不重要；2. 不太重要；3. 一般；4. 比较重要；5. 很重要。）

19. 除以上影响因素外，您认为还有哪些因素会对公司研发绩效产生重要影响＿＿＿＿＿＿。

# 附录二

# 公司研发指数调查问卷
# （层次分析法）

感谢您抽出宝贵时间填写调查问卷，您的选择将成为本项目组设计指数的重要参考依据！

本问卷采用层次分析法设计思路，您将会比较成对出现的两类影响因素，并判断他们的相对重要性。

注：每项问题前面均附有上一轮问卷调查中得出的每一项影响因素重要性的平均分与标准差，您可以作为参考。上一轮问卷调查共收回问卷227份，主要调查对象为高校老师、公司高管、政府研发政策制定机构及事务所人员，其中48%的被调查者工龄在10年以上，调查问卷结果在综合性及实践经验方面具有一定的参考价值。

第一部分：准则层重要性判断

项目组设计的研发指数用于衡量公司研发绩效的高低，"公司研发绩效"被定义为"公司通过研发创新活动推动公司价值提升水平的高低"。研发指数共分为四个准则层影响因素：

| 准则层因素 | 说明 | 代理指标举例 | 第一次调查问卷反馈结果 |
|---|---|---|---|
| 创新投入 | 公司用于创新活动的资源投入水平高低 | 如研发投入强度；研发投入增长率等 | 平均分：7.58；标准差：1.52 |

| 准则层因素 | 说明 | 代理指标举例 | 第一次调查问卷反馈结果 |
|---|---|---|---|
| 技术水平 | 公司技术实力与创新活动效率 | 知识资产存量；研发资本化率；技术员工占比；员工学历结构 | 平均分：7.68；标准差：1.67 |
| 创新环境 | 公司为创新活动提供的外部因素 | 现金流及财务风险；公司治理水平；公司多样化程度 | 平均分：7.63；标准差：1.51 |
| 创新产出 | 公司创新活动的成果产出水平 | 专利审批量；发明类专利占比；专利经济寿命 | 平均分：7.23；标准差：1.52 |

考虑以上四个因素对于"公司研发绩效"的重要性影响程度高低，请您在下表做出两两比较：

| 两两对比因素 A | 两两对比因素 B | A比B明显重要 | A比B重要 | A比B较为重要 | A比B稍微重要 | A与B同等重要 | B比A稍微重要 | B比A较为重要 | B比A重要 | B比A明显重要 | |
|---|---|---|---|---|---|---|---|---|---|---|---|
| 创新投入 | 技术水平 | | | | | | | | | | 请做选择 |
| 创新投入 | 创新环境 | | | | | | | | | | 请做选择 |
| 创新投入 | 创新产出 | | | | | | | | | | 请做选择 |
| 技术水平 | 创新环境 | | | | | | | | | | 请做选择 |
| 技术水平 | 创新产出 | | | | | | | | | | 请做选择 |
| 创新环境 | 创新产出 | | | | | | | | | | 请做选择 |

第二部分：方案层重要性判断

1. 公司创新投入涉及的两个方案层影响因素包括：

| 方案层因素 | 说明 | 第一次调查问卷反馈结果 |
|---|---|---|
| 研发投入强度 | 反映公司当期研发投入水平，是衡量公司创新活动强弱的常见指标 | 平均分：7.55；标准差：1.46 |
| 研发投入增长率 | 反映公司研发投入持续性强弱，对于创新活动，长期持续的投入有时是很必要的 | 平均分：7.25；标准差：1.57 |

考虑以上两个因素对于"创新投入"的重要性影响程度高低，请您在下表做出两两比较：

| 两两对比因素 | | A比B明显重要 | A比B重要 | A比B较为重要 | A比B稍微重要 | A与B同等重要 | B比A稍微重要 | B比A较为重要 | B比A重要 | B比A明显重要 |
|---|---|---|---|---|---|---|---|---|---|---|
| A | B | | | | | | | | | |
| 研发投入强度 | 研发投入增长率 | | | | | | | | | 请做选择 |

2. 公司技术水平涉及的四个方案层影响因素包括：

| 方案层因素 | 说明 | 第一次调查问卷反馈结果 |
|---|---|---|
| 员工学历 | 反映员工学历水平，学历水平越高，表现出员工知识水平和创新能力可能更强 | 平均分：6.78；标准差：1.83 |
| 技术人员规模 | 技术人员占员工整体的比例，比例越高，说明公司拥有更强的研发创新实力，创新活动对公司的重要性亦越高 | 平均分：6.84；标准差：1.79 |
| 技术转化效率 | 公司研发创新投入转化为成果的比率，以公司研发费用资本化率表示。比率越高，说明公司将创新投入转化为成果的能力越强 | 平均分：7.43；标准差：1.50 |
| 知识资产积累水平 | 公司无形资产中知识资产的存量高低，反映了公司以往的创新基础与研发实力。积累水平越高，创新能力越强 | 平均分：6.95；标准差：1.72 |

考虑以上四个因素对于"技术水平"的重要性影响程度高低，请您在

下表做出两两比较：

| 两两对比因素 | | A 比 B 明显 重要 | A 比 B 重要 | A 比 B 较为 重要 | A 比 B 稍微 重要 | A 与 B 同等 重要 | B 比 A 稍微 重要 | B 比 A 较为 重要 | B 比 A 重要 | B 比 A 明显 重要 |
|---|---|---|---|---|---|---|---|---|---|---|
| A | B | | | | | | | | | |
| 员工学历 | 技术人员规模 | | | | | | | | | 请做选择 |
| 员工学历 | 技术转换效率 | | | | | | | | | 请做选择 |
| 员工学历 | 知识资产积累水平 | | | | | | | | | 请做选择 |
| 技术人员规模 | 技术转换效率 | | | | | | | | | 请做选择 |
| 技术人员规模 | 知识资产积累水平 | | | | | | | | | 请做选择 |
| 技术转换效率 | 知识资产积累水平 | | | | | | | | | 请做选择 |

### 3. 公司创新环境涉及的五个方案层影响因素包括：

| 方案层因素 | 说明 | 第一次调查问卷反馈结果 |
|---|---|---|
| 资金保障 | 研发创新项目往往具有高风险、高投入及信息不透明的特征，因此必要的资金保障是研发项目获得成果的前提，项目组采用自由现金流量、公司融资成本和财务风险水平衡量公司资金保障水平 | 平均分：6.47；标准差：1.84 |
| 多样化程度 | 公司组成的多样化有利于吸纳不同观点和意见，观点的多样化，避免惯性思维和一言堂，有利于创新思维的形成。"创意指数"等宏观指标均把多样性和包容度作为衡量地区创新能力的重要维度。项目组综合了公司管理层性别结构、年龄结构、学历结构、毕业院校结构、民族结构等，评价公司多样化程度 | 平均分：7.47；标准差：1.68 |

续表

| 方案层因素 | 说明 | 第一次调查问卷反馈结果 |
|---|---|---|
| 公司治理水平 | 治理水平高的公司代理问题较低，更有助于公司实现创新战略 | 平均分：6.54；标准差：2.04 |
| 大股东控制力 | 创新投资作为高风险投资，在控制权较为分散的公司执行战略难度较高。大股东控制力的高低会影响到公司创新战略是否持续、有效地执行 | 平均分：6.54；标准差：1.98 |
| 创新竞争压力 | 公司研发强度高于（或低于）行业强度的大小，公司水平越高，竞争压力越小，反之则越大。创新竞争压力反映了公司在行业创新竞争中的地位。创新竞争压力越小，公司为创新活动营造的外部环境越好 | 平均分：7.19；标准差：1.61 |

考虑以上五个因素对于"创新环境"的重要性影响程度高低，请您在下表做出两两比较：

| 两两对比因素 | | A 比 B 明显重要 | A 比 B 重要 | A 比 B 较为重要 | A 比 B 稍微重要 | A 与 B 同等重要 | B 比 A 稍微重要 | B 比 A 较为重要 | B 比 A 重要 | B 比 A 明显重要 | |
|---|---|---|---|---|---|---|---|---|---|---|---|
| A | B | | | | | | | | | | |
| 资金保障 | 多样化程度 | | | | | | | | | | 请做选择 |
| 资金保障 | 公司治理水平 | | | | | | | | | | 请做选择 |
| 资金保障 | 大股东控制力 | | | | | | | | | | 请做选择 |
| 资金保障 | 创新竞争压力 | | | | | | | | | | 请做选择 |
| 多样化程度 | 公司治理水平 | | | | | | | | | | 请做选择 |
| 多样化程度 | 大股东控制力 | | | | | | | | | | 请做选择 |
| 多样化程度 | 创新竞争压力 | | | | | | | | | | 请做选择 |

续表

| 两两对比因素 | | A 比 B 明显 重要 | A 比 B 重要 | A 比 B 较为 重要 | A 比 B 稍微 重要 | A 与 B 同等 重要 | B 比 A 稍微 重要 | B 比 A 较为 重要 | B 比 A 重要 | B 比 A 明显 重要 | |
|---|---|---|---|---|---|---|---|---|---|---|---|
| A | B | | | | | | | | | | |
| 公司治理 水平 | 大股东 控制力 | | | | | | | | | | 请做 选择 |
| 公司治理 水平 | 创新竞争 压力 | | | | | | | | | | 请做 选择 |
| 大股东 控制力 | 创新竞争 压力 | | | | | | | | | | 请做 选择 |

### 4. 公司创新产出涉及的四个方案层影响因素包括：

| 方案层因素 | 说明 | 第一次调查问卷反馈结果 |
|---|---|---|
| 专利获批量 | 公司专利的获批数量。数量越多，说明公司创新成果越丰富 | 平均分：6.81；标准差：1.71 |
| 发明类 专利占比 | 发明类专利获批数量占三类专利数量比重。鉴于发明类专利科技含量远较量用新型专利和外观设计专利为高，发明类专利的占比衡量了公司申请专利的质量高低，与"专利获批量"从数量角度评价相辅相成 | 平均分：7.11；标准差：1.47 |
| 专利经济寿命 | 衡量专利平均经济寿命，经济寿命越长，说明专利的质量越高，越不容易模仿，在未来较长的时间内可以为公司带来更多收益 | 平均分：6.76；标准差：1.65 |
| 平均专利 产出费用 | 当期公司研发费用总额除以当期专利申请量，表现了公司生产专利的平均投入。平均投入越高，公司的专利价值越大 | 平均分：7.43；标准差：1.50 |

考虑以上四个因素对于"创新产出"的重要性影响程度高低，请您在下表做出两两比较：

| 两两对比因素 | | A比B明显重要 | A比B重要 | A比B较为重要 | A比B稍微重要 | A与B同等重要 | B比A稍微重要 | B比A较为重要 | B比A重要 | B比A明显重要 | |
|---|---|---|---|---|---|---|---|---|---|---|---|
| A | B | | | | | | | | | | |
| 专利获批量 | 发明类专利占比 | | | | | | | | | | 请做选择 |
| 专利获批量 | 专利经济寿命 | | | | | | | | | | 请做选择 |
| 专利获批量 | 平均专利产出费用 | | | | | | | | | | 请做选择 |
| 发明类专利占比 | 专利经济寿命 | | | | | | | | | | 请做选择 |
| 发明类专利占比 | 平均专利产出费用 | | | | | | | | | | 请做选择 |
| 专利经济寿命 | 平均专利产出费用 | | | | | | | | | | 请做选择 |

以上为本次调查问卷的全部内容，请您保存好问卷结果，对于您的协助再次表示万分感谢！

# 附录三

# 研发指数方案层指标计算方法

| 方案层指标 | | 计算方法 |
|---|---|---|
| 研发强度 | | 当期研发费用总额/当期收入 |
| 研发投入增长率 | | (期末研发费用总额 – 期初研发费用总额)/期初研发费用总额，期初研发费用为零，本指标取 –1 |
| 研究生以上员工比率 | | 公司当期研究生以上学历员工数/公司员工总数 |
| 技术员工占比 | | 公司当期技术类员工人数/公司员工总数 |
| 研发资本化率 | | 当期资本化研发费用/当期研发费用总额 |
| 知识资产比率 | | 当期技术类无形资产均值/当期总资产均值 |
| 资金储备水平 | 自由现金流量 | 经营性现金净流量 – 资本性支出 |
| | 现金存量 | 当期货币资金均值/当期总资产均值 |
| | 资产负债率 | 当期负债均值/当期总资产均值 |
| 创新观点接纳度 | | 当期高管年龄、性别、学历、国籍标准差均值 |
| 行业研发竞争压力 | | 行业加权平均研发强度（收入为权重）– 公司当期研发强度 |
| 风险制衡水平 | | 独董占比 |
| 公司控制权 | 第一大股东持股 | 第一大股东持股比例 |
| | 管理者自信 | 前三名高管薪酬合计/高管当期总薪酬 |
| | Z 指数 | 第一大股东持股比例/第二大股东持股比例 |
| | 两权合一 | 董事长和总经理同一个人取1，否则取0 |

| 方案层指标 | 计算方法 |
|---|---|
| 人均专利申报数 | 公司当期申报专利数/技术人员总数 |
| 发明类专利比率 | 公司当期发明类专利申报数/当期专利申报总数 |
| 发明类专利受批时间 | 公司当期发明类专利平均受批时间 |
| 专利平均研发投入 | 当期研发费用总额/当期专利申报数 |

注：1. 为保证量纲统一，增加可比性，方案层各指标在代入计算研发指数时，要根据本书第七章介绍的无量纲化处理方法，依照当年市场整体情况做无量纲处理后再代入计算。

2. 资金储备水平和公司控制权是在子项目无量纲化处理后，依算术平均值计算求得。

# 主要参考文献

［1］蔡地，万迪昉，罗进辉．产权保护、融资约束与民营企业研发投入［J］．研究与发展管理，2012，4（2）：85-93.

［2］蔡宁，潘松挺．网络关系强度与企业技术创新模式的耦合性及其协同演化——以海正药业技术创新网络为例［J］．中国工业经济，2008，4：137-144.

［3］曹晓丽，彭索醒，陈海声．研发支出资本化与盈余管理关系研究——基于软件开发行业上市公司［J］．财会月刊，2017，33：35-40.

［4］陈冬华，陈信元，万华林．国有企业中的薪酬管制与在职消费［J］．经济研究，2005，2：92-101.

［5］陈林，朱卫平．创新、市场结构与行政进入壁垒——基于中国工业企业数据的熊彼特假说实证检验［J］．经济学（季刊），2011，2：653-674.

［6］陈实，章文娟．中国R&D投入强度国际比较与分析［J］．科学学研究，2013，31（7）：1022-1031.

［7］陈守明，简涛，王朝霞．CEO任期与R&D强度：年龄和教育层次的影响［J］．科学与科学技术管理，2011，32（6）：159-165.

［8］陈英葵，张弥．中美工业企业R&D投入差异化原因比较与启示［J］．科技管理研究，2011，31（12）：60-65.

［9］陈宇科，邹艳，杨洋．基于产品生命周期和溢出效应的企业合作研发策略［J］．第十五届中国管理科学学术年会论文集（下），2013，2：570-575.

［10］陈仲常，余翔．企业研发投入的外部环境影响因素研究——基于

产业层面的面板数据分析 [J]. 科研管理，2008，28（2）：78-84.

[11] 程宏伟，张永海，常勇. 公司 R&D 投入与业绩相关性的实证研究 [J]. 科学管理研究，2006，24（3）：110-113.

[12] 程华，吴晓晖. R&D 投入、存量及产出弹性研究——基于年份/功效函数的实证研究 [J]. 科学学研究，2006，1：108-114.

[13] 程惠芳，文武，胡晨光. 研发强度，经济周期与长期经济增长 [J]. 统计研究，2015，1：26-32.

[14] 程琪. 我国新材料上市公司研发投入对企业绩效影响的实证研究 [D]. 合肥：安徽大学，2016.

[15] 崔也光，张悦. 不同类型无形资产对企业价值贡献程度的研究 [J]. 会计论坛，2013，1：001.

[16] 崔也光，张悦. 无形资产与企业特质对股东回报差异化的影响 [J]. 经济与管理研究，2013，11：109-116.

[17] 崔也光. 北京市工业企业研发费用（R&D）绩效探析 [J]. 财政研究，2007，6：23-26.

[18] 崔也光. 我国高新技术企业研发投入的现状、绩效与对策 [M]. 北京：经济科学出版社，2014.

[19] 崔也光. 中国高新技术企业 R&D 投入的现状与思考 [J]. 经济与管理研究，2012，7：34-37.

[20] 方颖，赵扬. 寻找制度的工具变量：估计产权保护对中国经济增长的贡献 [J]. 经济研究，2011，5：138-148.

[21] 方勇. 信息披露质量对研发投入强度的影响研究 [D]. 合肥：安徽大学，2016.

[22] 冯根福，温军. 中国上市公司治理与企业技术创新关系的实证分析 [J]. 中国工业经济，2008，7：91-101.

[23] 凤进，韦小柯. 西方企业生命周期模型比较 [J]. 商业研究，2003，7：170-181.

[24] 傅强，方文俊. 管理者过度自信与并购决策的实证研究 [J]. 商业经济与管理，2008，4：76-80.

[25] 古利平,张宗益,康继军.专利与 R&D 资源:中国创新的投入产出分析 [J].管理工程学报,2006,20(1):147-151.

[26] 关勇军,洪开荣.基于企业不同生命周期的研发投资绩效研究——来自深圳中小板高新技术企业的证据 [J].经济经纬,2012,2:81-85.

[27] 郭春野,庄子银.知识产权保护与"南方"国家的自主创新激励 [J].经济研究,2012,9:32-45.

[28] 郭亚军,姚远,易平涛.一种动态综合评价方法及应用 [J].系统工程理论与实践,2007,27(10):154-158.

[29] 韩鹏,彭韶兵.研发信息披露质量测度及制度改进 [J].财经科学,2012,7:103-110.

[30] 何强,陈松.我国上市公司董事会结构对 R&D 投入的影响 [J].系统管理学报,2009,6:612-619.

[31] 胡蕾,郭亚军,易平涛.高新技术企业 R&D 人员动态绩效评价方法及应用 [J].技术经济,2009,28(6):18-21.

[32] 黄静,吴和成,李慧.基于面板数据的高技术产业 R&D 投入产出关系研究 [J].科技进步与对策,2010,27(016):58-62.

[33] 姜付秀,张敏,陆正飞等.管理者过度自信、企业扩张与财务困境 [J].经济研究,2009,1:131-143.

[34] 姜南.专利密集型产业的 R&D 绩效评价研究——基于 DEA - Malmquist 指数法的检验 [J].科学学与科学技术管理,2014,35(3):99-107.

[35] 解维敏,方红星.金融发展、融资约束与企业研发投入 [J].金融研究,2011,5:171-183.

[36] 景熠等.纵向研发合作的收益分配与成本分担机制研究 [J].科技进步与对策,2011,28(21):3-5.

[37] 柯东昌,李连华.资本成本与研发投入的互动关系研究 [J].现代管理科学,2014,2(10):96-98.

[38] 孔玉生,闫永海.总经理过度自信与企业研发支出——基于中小板上市公司数据的经验分析 [J].中国会计学会 2012 年学术年会论文集,

2012.

[39] 李春涛，宋敏．中国制造业企业的创新活动：所有制和 CEO 激励的作用 [J]．经济研究，2010，5：55 - 67.

[40] 李丹蒙，夏立军．股权性质、制度环境与上市公司 R&D 强度 [J]．财经研究，2008，34（4）：93 - 104.

[41] 李辉，张晓明．我国 R&D 经费配置效率与行业差异 [J]．未来与发展，2012，12：36 - 41.

[42] 李晓峰．企业技术创新风险测度与决策及其预控研究 [D]．成都：四川大学，2005.

[43] 梁莱歆，韩米晓．基于高新技术企业生命周期的中美 R&D 投入比较实证研究 [J]．科技管理研究，2007，27（8）：109 - 111.

[44] 梁莱歆，王宇峰．我国上市公司 R&D 费用信息披露动因实证研究 [J]．财经理论与实践，2007，28（5）：78 - 82.

[45] 梁笑，张浩．2011 年我国上市公司无形资产经济分析——基于无形资产指数排名 [J]．现代会计，2012，5：44 - 48.

[46] 林望，王义闹．研发人员绩效的熵值模糊综合评价模型 [J]．温州大学学报：自然科学版，2008，29（4）：1 - 5.

[47] 林钟高，刘捷先．研发支出资本化与管理层薪酬契约——来自中国证券市场的经验证据 [J]．财经论丛，2012，2：90 - 97.

[48] 刘辉．中部六省 R&D 经费与专利产出关联比较 [J]．山西财政税务专科学校学报，2014，16（5）：15 - 18.

[49] 刘丽萍，王雅林．R&D 投入、专利申请量与中国企业自主创新能力 [J]．哈尔滨工程大学学报，2011，32（11）：1522 - 1526.

[50] 刘运国，刘雯．我国上市公司的高管任期与 R&D 支出 [J]．管理世界，2007，1：128 - 136.

[51] 卢教诚．基于平衡计分卡的企业研发管理绩效评价指标体系研究 [D]．广西大学，2008.

[52] 罗婷，朱青，李丹．解析 R&D 投入和公司价值之间的关系 [J]．金融研究，2009，6：100 - 110.

[53] 马薇薇. 信息不对称条件下研发投入与融资价格 [J]. 统计与决策，2017，11：53 – 56.

[54] 牛君，韩民春. R&D 补贴、专利行为与战略性自主创新政策 [J]. 科技进步与对策，2010，2：89 – 92.

[55] 蒲文燕，王山慧. 融资约束、高管薪酬和研发投资 [J]. 湖南社会科学，2015，1：134 – 137.

[56] 全林，姜秀珍，陈俊芳. 现金流量与公司投资决策 [J]. 工业工程与管理，2003，5：30 – 34.

[57] 冉茂盛，刘先福，黄凌云. 高新企业股权激励与 R&D 支出的契约模型研究 [J]. 软科学，2008，22（11）：27 – 30.

[58] 任海云. 股权结构与企业 R&D 投入关系的实证研究——基于 A 股制造业上市公司的数据分析 [J]. 中国软科学，2010，5：126 – 135.

[59] 沈红波，寇宏，张川. 金融发展、融资约束与企业投资的实证研究 [J]. 中国工业经济，2010，6：55 – 64.

[60] 沈坤荣，孙文杰. 市场竞争、技术溢出与内资企业 R&D 效率 [J]. 管理世界，2009，1：38 – 48.

[61] 苏文兵，徐东辉，梁迎弟. 经理自主权、政治成本与 R&D 投入 [J]. 财贸研究，2011，3：136 – 146.

[62] 孙晓华，郑辉. 水平溢出、垂直溢出与合作研发 [J]. 系统工程学报，2012，27（1）：81 – 83.

[63] 唐静，赵兰香，万劲波. 中国最优 R&D 投入强度测算 [J]. 科研管理，2014，6：102 – 107.

[64] 唐清泉，夏芸，徐欣. 我国企业高管股权激励与研发投资——基于内生性视角的研究 [J]. 中国会计评论，2011，9（1）：21 – 42.

[65] 唐清泉，徐欣. 企业 R&D 投资与内部资金——来自中国上市公司的研究 [J]. 中国会计评论，2010，3：341 – 362.

[66] 唐清泉，甄丽明. 管理层风险偏爱、薪酬激励与企业 R&D 投入——基于我国上市公司的经验研究 [J]. 经济管理，2009，5：56 – 64.

[67] 陶冶，许龙. 我国 R&D 投入与专利产出的关系研究 [J]. 科技进

步与对策，2007，24（3）：7-10.

[68] 汪平，邹颖，黄丽凤. 高管薪酬激励的核心重构：资本成本约束观 [J]. 中国工业经济，2014，5：10-16.

[69] 王兵，卢锐，徐正刚. 薪酬激励治理效应研究——基于盈余质量的视角 [J]. 山西财经大学学报，2009，7：67-73.

[70] 王红领，李稻葵，冯俊新. FDI 与自主研发：基于行业数据的经验研究 [J]. 经济研究，2006，2（41）：44-56.

[71] 王化成，卢闯，李春玲. 企业无形资产与未来业绩相关性研究——基于中国资本市场的经验证据 [J]. 中国软件学，2005，10：120-124.

[72] 王霞，张敏，于富生. 管理者过度自信与企业投资行为异化——来自我国证券市场的经验证据 [J]. 南开管理评论，2008，11（2）：77-83.

[73] 王新红，杨惠瑛. 中小企业板块上市公司 R&D 信息披露状况分析 [J]. 科技进步与对策，2010，27（13）：94-96.

[74] 王雄元，严艳. 强制性信息披露的适度问题 [J]. 会计研究，2003，2：13-18.

[75] 王彦超. 融资约束、现金持有与过度投资 [J]. 金融研究，2009，7：121-133.

[76] 王宇峰，苏逶妍. 我国上市公司研发信息披露实证研究 [J]. 中南财经政法大学学报，2009，4：108-113.

[77] 王宗军，田原，赵欣欣. 管理层激励对公司经营困境影响研究综述 [J]. 技术经济，2011，30（6）：92-99.

[78] 王宗军，臧晓娟，杨娴雅. 基于改进熵模型的企业技术创新绩效评价——以武汉市为例 [J]. 技术经济，2013，32（6）：10-14.

[79] 魏锋，孔煜. 融资约束、不确定性与公司投资行为 [J]. 中国软科学，2005，3：43-49.

[80] 文芳. 股权集中度、股权制衡与公司 R&D 投资——来自中国上市公司的经验证据 [J]. 南方经济，2008，4：41-52.

[81] 文芳. 企业生命周期对 R&D 投资影响的实证研究 [J]. 经济经纬，2009，6：86-89.

[82] 翁宏标，王斌会. 我国 R&D 投入要素对专利生产的贡献度测算 [J]. 科技管理研究，2011，31 (19)：176 - 179.

[83] 巫强，刘蓓. 政府研发补贴方式对战略性新兴产业创新的影响机制研究 [J]. 产业经济研究，2014 (6)：41 - 49.

[84] 吴延兵. 市场结构、产权结构与 R&D——中国制造业的实证分析 [J]. 统计研究，2007，24 (5)：67 - 75.

[85] 夏冠军，陆根尧. 资本市场促进了高新技术企业研发投入吗——基于中国上市公司动态面板数据的证据 [J]. 科学学研究，2012，30 (9)：1370 - 1377.

[86] 谢兰云，王维国. 基于分位数回归的我国 R&D 经费投入影响因素的动态研究 [J]. 数学的实践与认识，2012，2：43 - 52.

[87] 谢小芳，李懿东，唐清泉. 市场认同企业的研发投入价值吗？来自沪深 A 股市场的经验证据 [J]. 中国会计评论，2009，3：299 - 314.

[88] 辛清泉，林斌，王彦超. 政府控制、经理薪酬与资本投资 [J]. 经济研究，2007，8：110 - 122.

[89] 徐春骐，吴栋，李占宾. 专利申请与授权的国际比较与我国 R&D 经费投入分析 [J]. 知识产权，2010，20 (116)：42 - 47.

[90] 徐明东，陈学彬. 中国工业企业投资的资本成本敏感性分析 [J]. 经济研究，2012，3：40 - 52.

[91] 徐欣，唐清泉. R&D 活动、创新专利对企业价值的影响——来自中国上市公司的研究 [J]. 研究与发展管理，2010，4：20 - 29.

[92] 许罡，朱卫东. 管理当局、研发支出资本化选择与盈余管理动机——基于新无形资产准则研发阶段划分的实证研究 [J]. 科学学与科学技术管理，2010，31 (9)：39 - 43.

[93] 薛云奎，王志台. R&D 的重要性及其信息披露方式的改进 [J]. 会计研究，2001，3：20 - 26.

[94] 薛云奎，王志台. 无形资产信息披露及其价值相关性研究——来自上海股市的经验证据 [J]. 会计研究，2001，11：40 - 47.

[95] 闫楷文. 资本成本、企业生命周期与研发投入 [D]. 厦门：厦门

大学，2014.

[96] 杨汝梅，施耐夫. 无形资产论 [M]. 上海：立信会计出版社，2009.

[97] 杨兴全，曾义. 现金持有能够平滑企业的研发投入吗？——基于融资约束与金融发展视角的实证研究 [J]. 科研管理，2014，35 (7)：107 - 115.

[98] 杨卓尔，高山行，曾楠. 战略柔性对探索性创新与应用性创新的影响——环境不确定性的调节作用 [J]. 科研管理，2016，37：1 - 10.

[99] 于晓宇，谢富纪. 基于 DEA - Tobit 的区域创新系统资源配置优化策略研究 [J]. 研究与发展管理，2011，1：1 - 10.

[100] 元桥一之. 日本企业的 R&D 合作及其对国家创新系统改革的政策启示 [J]. 科学学研究，2006，24 (4)：481 - 487.

[101] 苑泽明，宫成芳，张悦，邓伟丽. 无形资产指数：理论模型构建 [J]. 管理现代化，2012，4：114 - 116.

[102] 苑泽明，金宇，王天培. 上市公司无形资产评价指数研究——基于创业板上市公司的实证检验 [J]. 会计研究，2015，5：72 - 79.

[103] 张国强. 市场结构与 R&D 投资：基于知识产权保护和交易结构的视角 [J]. 科学管理研究，2007，25 (4)：108 - 112.

[104] 张显武，魏纪泳. 高管薪酬结构与技术创新投入关系的实证研究——以中小企业板上市公司为例 [J]. 技术经济，2011，30 (6)：11 - 14.

[105] 张悦，吴启富. 上市公司研发信息披露动机分析 [J]. 会计之友，2018，9：53 - 59.

[106] 张悦，吴启富. 证监会监管、研发信息披露与企业价值相关性 [J]. 财会月刊，2018，8：43 - 59.

[107] 张悦. 中国上市公司研发指数构建与应用评价研究 [D]. 北京：首都经济贸易大学会计学院，2016.

[108] 张悦. 中国上市公司研发指数的构建研究 [J]. 会计之友，2016，10：73 - 78.

[109] 郑友德，曾旻辉. 我国知识产权刑法保护现存问题及完善建议

[J]. 知识产权，2012，1：36 -41.

[110] 钟书华. 我国企业技术联盟现状分析 [J]. 科研管理，2000，4：51 -55.

[111] 周世民，王书飞，陈勇兵. 出口能缓解民营企业融资约束吗？——基于匹配的倍差法之经验分析 [J]. 南开经济研究，2013，3：95 -109.

[112] 周亚虹，许玲丽. 民营企业 R&D 投入对企业业绩的影响——对浙江省桐乡市民营企业的实证研究 [J]. 财经研究，2007，33 (7)：102 -112.

[113] 朱翠翠，李成标，张璐. 模糊层次分析法在企业研发人员绩效评价中的应用 [J]. 科技管理研究，2010，2：145 -147.

[114] 朱平芳，徐伟民. 政府的科技激励政策对大中型工业企业 R&D 投入及其专利产出的影响 [J]. 经济研究，2003，6 (5)：1 -4.

[115] 朱月仙，方曙. 专利申请量与 R&D 经费支出关系的研究 [J]. 科学学研究，2007，25 (1)：123 -127.

[116] 宗庆庆，黄娅娜，钟鸿钧. 行业异质性、知识产权保护与企业研发投入 [J]. 产业经济研究，2015，2：47 -57.

[117] Aboody D., Lev, B. The Value Relevance of Intangibles：The Case of Software Capitalization [J]. Journal of Accounting Research, 1998, 36：161 -191.

[118] Acs, Z. J., Audretsch, D. B. Innovation, Marketstructure, and Firm size [J]. Review of Economics and Statistics, 1987, 69 (4)：567 -574.

[119] Adams, R. B., Ferreira, D. Women in the Boardroom and Their Impact on Governance and Performance [J]. Journal of Financial Economics, 2009, 94 (2)：291.

[120] Aghion, P, Bloom, N, Blundell, R, et al. Competition and Innovation：An Inverted U relationship [M]. National Bureau of Economic Research, 2002.

[121] Aghion, P, Howitt, P. A. Schumpeterian Perspective on Growth and

Competition [M]//New Theories in Growth and Development. Palgrave Macmillan UK, 1998: 9 – 49.

[122] Ahmed, K., Falk, H. The Value Relevance of Management's Research and Development Reporting Choice: Evidence from Australia [J]. Journal of Accounting and Public Policy, 2006, 25 (3): 231 – 264.

[123] Aitken, B. J., Harrison, A. E. Do Domestic Firms Benefit from Direct Foreign Investment? Evidence from Venezuela [J]. American Economic Review, 1999: 605 – 618.

[124] Arrow, K. Economic Welfare and the Allocation of Resources for Invention [M]//The Rate and Direction of Inventive Activity: Economic and Social Factors. Princeton University Press, 1962: 609 – 626.

[125] Banerjee, S, Lin, P. Vertical Research Joint Ventures [J]. International Journal of Industrial Organization, 2001, 19: 285 – 302.

[126] Barker, V. L. Mueller G. C. CEO Characteristics and Firm R&D Spending [J]. Management Science, 2002, 48 (6): 782 – 801.

[127] Barlevy, G., Tsiddon, D. Earnings Inequality and the Business Cycle [J]. European Economic Review, 2006, 50 (1): 55 – 89.

[128] Barry, F., Görg, H., STROBL, E. Foreign Direct Investment and Wages in Domestic Firms in Ireland: Productivity Spillovers versus Labour Market Crowding Out [J]. International Journal of the Economics.

[129] Bartelsman, E. J., Haltiwanger, J., Scarpetta, S. Microeconomic Evidence of Creative Destruction in Industrial and Developing Countries [J]. 2004.

[130] Baysinger, B. D., Kosnik, R. D. Turk T A. Effects of Board and Ownership Structure on Corporate R&D Strategy [J]. Academy of Management Journal, 1991, 34 (1): 205 – 214.

[131] Besedes, T., Prusa, T. J. The Role of Extensive and Intensive Margins and Export Growth [J]. Journal of Development Economics, 2011, 96 (2): 371 – 379.

[132] Bitard, P., Edquist, C., Hommen, L., et al. Reconsidering the Paradox of High R&D Input and Low Innovation: Sweden [J]. Small Country Innovation Systems: Globalization, Change and Policy in Asia and Europe.

[133] Bititci, U. S., Turner, U. T., Begemann, C. Dynamics of Performance Measurement Systems [J]. International Journal of Operations & Production Management, 2000, 20 (6): 692 – 704.

[134] Bizjak, J. M., Brickley, J. A., Coles, J. L. Stock – based Incentive Compensation and Investment Behavior [J]. Journal of Accounting and Economics, 1993, 16 (1 – 3): 349 – 372.

[135] Bloom, N., Griffith, R., Van, R. J. Do R&D Tax Credits Work? Evidence from a Panel of Countries 1979 – 1997 [J]. Journal of Public Economics, 2002, 85 (1): 1 – 31.

[136] Bridges, S., Guariglia, A. Financial Constraints, Global Engagement, and Firm Survival in the United Kingdom: Evidence from Micro Data [J]. Scottish Journal of Political Economy, 2008, 55 (4): 444 – 464.

[137] Brouder, P., Eriksson, R. H. Staying Power: What Influences Micro – firm Survival in Tourism? [J]. Tourism Geographies, 2013, 15 (1): 125 – 144.

[138] Brown, J. R., Petersen, B. C. Cash Holdings and R&D Smoothing [J]. Journal of Corporate Finance, 2011, 17 (3): 694 – 709.

[139] Brown, N. C., & Kimbrough, M. D. Intangible Investment and the Importance of Firm – specific Factors in the Determination of Earnings [J]. Reviews of Accounting Research, 2011, 16: 539 – 573.

[140] Bushee, B. J. Investors on Myopic R&D Investment Behavior [J]. The Accounting Review, 1998, 305 – 333.

[141] Callimaci, A., Landry, S. Market Valuation of Research and Development Spending under Canadian GAAP [J]. Canadian Accounting Perspectives, 2004, 3 (1): 33 – 54.

[142] Carter, D. A., D'Souza, F., Simkins, B. J., et al. The Gender

and Ethnic Diversity of US Boards and Board Committees and Firm Financial Performance [J]. Corporate Governance: An International Review, 2010, 18 (50): 396 – 414.

[143] Castellani, D., Zanfei, A. Technology Gaps, Absorptive Capacity and the Impact of Inward Investments on Productivity of European Firms [J]. Economics of Innovation and New Technology, 2003, 12 (6): 555 – 570.

[144] Catalyst. 2006 Catalyst Census of Women Board Directors of the Fortune 500 [J]. 2007.

[145] Cave, R. E. Foreign Investment and Productive Efficiency in Host – country Markets [J]. Economica, 1974, 41: 176 – 193.

[146] Cazavan – Jeny, A., Jeanjean, T. The Negative Impact of R&D Capitalization: A Value Relevance Approach [J]. European Accounting Review, 2006, 15 (1): 37 – 61.

[147] Chauvin K W, Hirschey M. Advertising, R&D Expenditures and the Market Value of the firm [J]. Financial Management, 1993: 128 – 140.

[148] Chen, L., Ping, L., Frank, M., Song, Chuntao, L. D. Managerial Incentives, CEO Characteristics and Corporate Innovation in China's Private Sector [J]. Journal of Comparative Economics, 2011, 39: 176 – 190.

[149] Chen, M. H., Chang, Y. C., Hung, S. C. Social Capital and Creativity in R&D Project Teams [J]. R&D Management, 2008, 38 (1): 21 – 34.

[150] Chin, J. C., Grossman, G. M. Intellectual Property Rights and North – South Trade [J]. 1988.

[151] Chris, F., Nicolas, V. Z. 2012 From Wires to Partners: How the Internet Has Fostered R&D Collaborations Within Firms [J]. Management Science, 2012, 58 (8), 1549 – 1568.

[152] Claessens, S, Tzioumis, K. Measuring Firms' Access to Finance [J]. World Bank, 2006, Mimeo.

[153] Claessens, S. and Laeven, L. Financial Development, Property Rights, and Growth [J]. Journal of Finance, 2003, 58 (6): 2401 – 2436.

[154] Clarke, G. P. G. , Cull, R. , Kisunko, G. External Finance and Firm Survival in the Aftermath of the Crisis: Evidence from Eastern Europe and Central Asia [J]. Journal of Comparative Economics, 2012, 40 (3): 372 – 392.

[155] Conesa, E. , Lehrer, M. , Tylecote, A. Corporate Governance, Innovation Systems and Industrial Performance [J]. Industry and Innovation, 1999, 6 (1): 25 – 50.

[156] D'Aspremont, C. , Jacquemin, A. Cooperative and Noncooperative R&D in Duopoly with Spillovers [J]. American Economic Review, 1988: 78.

[157] Davidson, C. , Segerstrom, P. R&D Subsidies and Economic Growth [J]. The RAND Journal of Economics, 1998: 548 – 577.

[158] De, P. A. , Squicciarini, M. Technology Flows and Innovation Output in Italy: Industry – level Evidence from R&D and Patent Data [J]. Economia e Politica Industriale, 2014.

[159] Dechow, P. M. , Sloan, R. G. Executive Incentives and the Horizon Problem: An Empirical Investigation [J]. Journal of Accounting and Economics, 1991, 14 (1): 51 – 89.

[160] Dechow, P. M. , Sloan, R. G. Returns to Contrarian Investment Strategies: Tests of Naive Expectations Hypotheses [J]. Journal of Financial Economics, 1997, 43 (1): 3 – 27.

[161] Dimelis, S. , Louri, H. Foreign Ownership and Production Efficiency: a Quantile Regression Analysis [J]. Oxford Economic Papers, 2002, 54 (3): 449 – 469.

[162] Dong, J. , Gou, Y. Corporate Governance Structure, Managerial Discretion, and the R&D Investment in China [J]. International Review of Economics & Finance, 2010, 19 (2): 180 – 188.

[163] Eric, A. F. Relative CEO Underpayment and CEO Behaviour Towards R&D Spending [J]. Journal of Management Studies, 2010, 47 (6): 1095 – 1122.

[164] Ernst, D. , O'CONNOR, D. Competing in the Electronics Indus-

try. The Experience of Newly Industrialising Economies ［J］. 2014.

［165］ Fazzari, S. M. , Glenn, R. H. , and Bruce C. P. Financing Constraints and Corporate Investment ［J］. Brookings Papers on Economic Activity, 1988, 1: 141 –206.

［166］ Florida, R. The Rise of the Creative Class ［J］. The Washington Monthly, 2002, 34 （5）: 15 –25.

［167］ Francois, P. , Lloyd – Ellis, H. Animal Spirits through Creative Destruction ［J］. American Economic Review, 2003: 530 –550.

［168］ Fu, Y. , Zhang, G. L. , Ma, Q. , et al. The Impact of R&D Resource Input on Patent Output of Various Types of Colleges and Universities ［J］. R&D Management, 2010, 3: 12.

［169］ Galasso, A. , Simcoe, T. S. CEO Overconfidence and Innovation ［J］. Management Science, 2011, 57 （8）: 1469 –1484.

［170］ Gamal, A. Information Sharing and the Stability of Cooperation in Research Joint Ventures ［J］. Economics of Innovation and New Technology, 2003, 12 （6）: 531 –554.

［171］ Gary M. Entwistle. Exploring the R&D Disclosure Environment ［J］. Accounting Horizons. 1999, （13）: 323 –342.

［172］ George P. B. , Michael C. J. , Kevin, J. M. Compensation and Incentives: Practice vs. Theory ［J］. Journal of Finance, 1988, 63 （3）: 593 – 616.

［173］ Ginarte, Juan, C. , and Walter, G. P. Determinants of Patent Rights: A Cross – National Study ［J］. Research Policy, 1997, 26 （3）: 283 – 301.

［174］ Glasserman, P. and Yu, B. Number of Paths versus Number of Basis Functions in American Option Pricing ［J］. Annals of Applied Probability, 2004, 14 （4）: 2090 –2119.

［175］ Gorg, H. , Spaliara, M. E. Financial Health, Exports, and the Firm Survival: a Comparison of British and French firms ［J］. CEPR Discussion

Papers, 2009: 75 – 132.

[176] Greiner, L. Evolution and Revolution as Organizations Grow [J]. Harvard Business Review, 1972, 50: 37 – 46

[177] Görg, H. , Greenaway, D. Much Ado About Nothing? Do Domestic Firms Really Benefit From Foreign Direct Investment? [J]. The World Bank Research Observer, 2004, 19 (2): 171 – 197.

[178] Griliches, Z. Productivity, R&D, and the Data Constraint [J]. The American Economic Review, 1994, 84 (1): 1 – 23.

[179] Hall, B. H. , Griliches, Z. , Hausman, J. A. Patents and R&D: Is There a Lag? [J]. 1986.

[180] Hall, B. H. , Oriani, R. Does the Market Value R&D Investment by European Firms? Evidence from a Panel of Manufacturing Firms in France, Germany, and Italy [J]. International Journal of Industrial Organ.

[181] Hall, B. H. Investment and Research and Development at the Firm Level: Does the Source of Financing Matter? [J]. National bureau of economic research, 1992.

[182] Hambrick, D. C. , Mason, P. A. Upper Echelons: The Organization as a Reflection of Its Top Managers [J]. Academy of Management Review, 1984, 9 (2): 193 – 206.

[183] Han, B. H. , Manry, D. The Value – relevance of R&D and Advertising Expenditures: Evidence from Korea [J]. The International Journal of Accounting, 2004, 39 (2): 155 – 173.

[184] Harhoff, D. Are There Financing Constraints for R&D and Investment in German Manufacturing Firms? [M]. Springer US, 2000.

[185] Harhoff, D. Innovation in German Manufacturing Enterprises: Empirical Studies on Productivity, Externalities, Corporate Finance, and Tax Policy [J]. Universität Mannheim, Mannheim, 1997.

[186] Harley, E. Ryan, J. , Roy, A. N. The Interactions between R&D Investment Decisions and Compensation Policy [J]. Financial Management,

2002, 6 (3): 5 - 29.

[187] Harris, R., Robinson, C. The Effect of Foreign Acquisitions on Total Factor Productivity: Plant - level Evidence from UK Manufacturing, 1987 - 1992 [J]. Review of Economics and Statistics, 2002, 84 (3): 562.

[188] Heckman J J, Ichimura H, Todd P. Matching as an Econometric Evaluation Estimator [J]. The Review of Economic Studies, 1998, 65 (2): 261 - 294.

[189] Helpman, E. Innovation, Imitation, and Intellectual Property Rights [J]. National Bureau of Economic Research, 1992.

[190] Higgs, D. Review of the Role and Effectiveness of Non - executive Directors [M]. London: DTI, 2003.

[191] Himmelberg, C. P., Petersen, B. C. R & D and Internal Finance: A Panel Study of Small Firms in High - tech Industries [J]. The Review of Economics and Statistics, 1994: 38 - 51.

[192] Hirschey M, Weygandt J J. Amortization Policy for Advertising and Research and Development Expenditures [J]. Journal of Accounting Research, 1985: 326 - 335.

[193] Hirshleifer, D., Low, A., Teoh, S. H. Are Overconfident CEOs Better Innovators? [J]. The Journal of Finance, 2012, 67 (4): 1457 - 1498.

[194] Holmes, P., Hunt, A., Stone, I. An Analysis of New Firm Survival Using a Hazard Function [J]. Applied Economics, 2010, 42 (2): 185 - 195.

[195] Hu, A. G. Z., Jefferson, G. H., Jinchang, Q. R&D and Technology Transfer: Firm - level Evidence from Chinese Industry [J]. Review of Economics and Statistics, 2005, 87 (4): 780 - 786.

[196] Huang, H., Xu, C. Financing Mechanisms and R&D Investment [J]. 1998.

[197] Jaffe, A. B. Technological Opportunity and Spillovers of R&D: Evidence from Firms' Patents, Profits and Market Value [J]. 1986.

［198］Jeffrey, L. C., Naveen, D. D., Lalitha, N. Managerial Incentives and Risk – taking ［J］. Journal of Financial Economics, 2006, 79 (9): 431 – 468.

［199］Jensen, M., W, Meckling. Theory of the Firm: Managerial Behavior, Agency Costs and Ownership Structure ［J］. Journal of Financial Economics, 1976, 4 (3): 305 – 360.

［200］Jones D A. Voluntary Disclosure in R&D – Intensive Industries ［J］. Contemporary Accounting Research, 2007, 24 (2): 489 – 522.

［201］Kamien, M. I., Muller, E., Zang, I. Research Joint Ventures and R&D Cartels ［J］. American Economic Review, 1992, 82 (5): 1293 – 1306.

［202］Kelm, K. M., Narayanan, V. K., Pinches, G. E. Shareholder Value Creation during R&D Innovation and Commercialization Stages ［J］. Academy of Management Journal, 1995, 38 (3): 770 – 786.

［203］Kim, J., Pukthuanthong, L. K., Walker, T. Leverage and IPO under – pricing: High – tech versus Low – tech IPOs ［J］. Management Decision, 2008, 46 (1): 106 – 130.

［204］Lai, E. L. C. International Intellectual Property Rights Protection and the Rate of Product Innovation ［J］. Journal of Development Economics, 1998, 55 (1): 133 – 153.

［205］Lee, C. Y. Industry R&D Intensity Distributions: Regularities and Underlying Determinants ［J］. Journal of Evolutionary Economics, 2002, 12 (3): 307 – 341.

［206］Lehrer, M., Tylecote, A., Conesa, E. Corporate Governance, Innovation Systems and Industrial Performance ［J］. Industry and Innovation, 1999, 6 (1): 25 – 50.

［207］Lev, B., Sarath, B., and Sougiannis, T. R&D Reporting Biases and Their Consequences ［J］. Contemporary Accounting Research, 2005, 22 (4): 977 – 1026.

［208］Lev, B., Sougiannis, T. Penetrating the Book – to – market Black

Box: the R&D Effect [J]. Journal of Business Finance & Accounting, 1999, 26 (3 – 4): 419 – 449.

[209] Lev, B., Sougiannis, T. The Capitalization, Amortization, and Value – relevance of R&D [J]. Journal of Accounting and Economics, 1996, 21 (1): 107 – 138.

[210] Lev, B., Zarowin, P. The Boundaries of Financial Reporting and How to Extend Them [J]. Journal of Accounting Research, 1999, 2: 353 – 385.

[211] Lin, C., Lin, P., Song, F. Property Rights Protection and Corporate R&D: Evidence from China [J]. Journal of Development Economics, 2010, 93 (1): 49 – 62.

[212] Lucas, R. E. On the Mechanics of Economic Development [J]. Journal of Monetary Economics, 1988, 22 (1): 3 – 42.

[213] Mansfield, E., Rapoport, J., Romeo, A., Wagner, S., and Beardsley, G. "Social and Private Rates of Return from Industrial Innovations" [J]. Quarterly Journal of Economics, 1977, 91: 221 – 240.

[214] Mansfield, E., Switzer, L. The Effects of R&D Tax Credits and Allowances in Canada [J]. Research Policy, 1985, 14 (2): 97 – 107.

[215] McKinsey, C. Women Matter: Gender Diversity, a Corporate Performance Driver [J]. 2007.

[216] Michael, D. K., Stefano, B., Mauro, N., Frank, S. The Efficiency and Stability of R&D Networks [J]. Games and Economic Behavior, 2012, 75 (2): 694 – 713.

[217] Morbey, G. K. R&D: Its Relationship to Company Performance [J]. Journal of Product Innovation Management, 1988, 5 (3): 191 – 200.

[218] Mulkay, B., Hall, B. H., Mairesse, J. Firm Level Investment and R&D in France and the United States: A Comparison [M]. Springer Berlin Heidelberg, 2001.

[219] Musso, P., Schiavo, S. The Impact of Financial Constraints on Firm Survival and Growth [J]. Journal of Evolutionary Economics, 2008, 18

（2）：135 – 149.

[220] Myers, S. C. The Capital Structure Puzzle [J]. The Journal of Finance, 1984, 39 (3): 574 – 592.

[221] Narula, R. Choosing between Internal and Non – internal R&D Activities: Some Technological and Economic Factors. Technology Analysis & Strategic Management, 2001, 13 (3): 365 – 387.

[222] Nordhaus, W. D., Nordhaus, W. D. Invention, Growth, and Welfare: A Theoretical Treatment of Technological Change [M]. Cambridge, MA: MIT press, 1969.

[223] Opler, T., Pinkowitz, L., Stulz, R., et al. The Determinants and Implications of Corporate Cash Holdings [J]. Journal of Financial Economics, 1999, 52 (1): 3 – 46.

[224] Oswald, D. R. The Determinants and Value Relevance of the Choice of Accounting for Research and Development Expenditures in the United Kingdom [J]. Journal of Business Finance & Accounting, 2008, 35 (1 – 2): 1 – 24.

[225] Ouyang, M. On the Cyclicality of R&D [J]. Review of Economics and Statistics, 2011, 93 (2): 542 – 553.

[226] Park, W. G. Do Intellectual Property Rights Stimulate R&D and Productivity Growth? Evidence from Cross – national and Manufacturing Industries Data [J]. Intellectual Property and Innovation in the Knowle.

[227] Perez, S. E., Llopis, A. S. Llopis, J. A. S. The Determinants of Survival of Spanish Manufacturing Firms [J]. Review of Industrial Organization, 2004, 25 (3): 251 – 273.

[228] Prahalad, C. K., Hamel, G. The Core Competence of the Corporation [M]. Springer Berlin Heidelberg, 2006.

[229] Rafferty, M. Do Business Cycles Alter the Composition of Research and Development Expenditures? [J]. Contemporary Economic Policy, 2003, 21 (3): 394 – 405.

[230] Rapp, R. and Rozek, R. Benefits and Costs of Intellectual Property

Protection in Developing Countries [J]. Journal of World Trade, 1990, 24 (2): 75 – 102.

[231] Roijakkers, N. , Hagedoorn, J. Inter – firm R&D Partnering in Pharmace Utical Biotechnology since 1975: Trends, Patterns and Networks [J]. Research Policy, 2006, 35 (3): 431 – 446.

[232] Romer, P. M. Endogenous Technology Change [J]. JPE, 1990, 98: 71 – 102.

[233] Romer, P. M. Increasing Returns and Long – run Growth [J]. The Journal of Political Economy, 1986: 1002 – 1037.

[234] Scherer, F. Firm Size, Market Structure, Opportunity, and the Output of Patented Inventions [J]. American Economic Review, 1965, 55: 1097 – 1125.

[235] Scherer, F. M. Corporate Inventive Output, Profits, and Growth [J]. The Journal of Political Economy, 1965: 290 – 297.

[236] Schneider, B. The People Make the Place [J]. Personnel Psychology, 1987, 40 (3): 437 – 453.

[237] Schumpeter, J. A. The Theory of Economic Development: An Inquiry into Profits, Capital, Credit, Interest, and the Business Cycle [J]. Transaction Publishers, 1934.

[238] Scott, J. Firm versus Industry Variability in R&D Intensity [M]. R&D, Patents, and Productivity. University of Chicago Press, 1984: 233 – 248.

[239] Sembenelli, A. , Siotis, G. Foreign Direct Investment, Competitive Pressure and Spillovers. An Empirical Analysis of Spanish Firm Level Data [J]. 2005.

[240] Shyam – Sunder, L. , Myers, S. C. Testing Static Tradeoff against Pecking Order Models of Capital Structure [J]. Journal of Financial Economics, 1999, 51 (2): 219 – 244.

[241] Solow, R. A Contribution to the Theory of Economic Growth [J]. Quarterly Journal of Economics, 1956, 70: 65 – 94.

［242］Somaya, D., Williamson, I. O., Zhang, X. Combining Patent Law Expertise with R&D for Patenting Performance ［J］. Organization Science, 2007, 18 (6): 922 – 937.

［243］Spence, A. M. Investment Strategy and Growth in a New Market ［J］. The Bell Journal of Economics, 1979: 1 – 19.

［244］Tassey, G. Policy Issues for R&D Investment in A Knowledge – based Economy ［J］. Journal of Technology Transfer, 2004, 29 (2): 153 – 185.

［245］Tsoukas, S. Firm Survival and Financial Development: Evidence from a Panel of Emerging Asian Economics ［J］. Journal of Banking & Finance, 2011, 35 (7): 1736 – 1752.

［246］Wernerfelt B. A Resource – based View of the Firm ［J］. Strategic Management Journal, 1984, 5 (2): 171 – 180.

［247］Wiersema, M. F., Bantel, K. A. Top Management Team Demography and Corporate Strategic Change ［J］. Academy of Management Journal, 1992, 35 (1): 91 – 121.

［248］Wälde, K., Woitek, U. R&D Expenditure in G7 Countries and the Implications for Endogenous Fluctuations and Growth ［J］. Economics Letters, 2004, 82 (1): 91 – 97.

［249］Wälde, K. The Economic Determinants of Technology Shocks in a Real Business Cycle Model ［J］. Journal of Economic Dynamics and Control, 2002, 27 (1): 1 – 28.

［250］Xulia, G., Consuelo, P. Do Public Subsidies Stimulate Private R&D Spending? ［J］. Research Policy, 2007, 3: 371 – 389.

［251］Zhang, A., Zhang, Y., Zhao, R. A Study of the R&D Efficiency and Productivity of Chinese Firms ［J］. Journal of Comparative Economics, 2003, 31 (3): 444 – 464.

［252］Zhao R. Relative Value Relevance of R&D Reporting: An International Comparison ［J］. Journal of International Financial Management & Accounting, 2002, 13 (2): 153 – 174.

# 后　记

在这里，我首先想感谢的是我的博士生导师崔也光教授。崔教授影响了我的整个学习和研究轨迹，帮助我找寻到了自己的研究兴趣和发展方向。崔教授一次次地包容了我的错误和过失，给予我无条件的支持和信任。正是因为这样才支撑着我完成了学业，形成了自己的毕业论文成果。在学术领域和为人处世上，崔教授都是我高山仰止的榜样。我真的很希望自己能够成为像崔教授一样的老师，在教学岗位贡献自己的一份力量，崔教授是我一生努力学习的目标。

此外，我也想感谢王立彦教授和闫华红教授在我论文完成过程中所给予的指导和帮助，能够成为这两位老师的学生是我的荣幸！感恩王立彦教授带领我完成了中国网 CSR 项目，并在项目进行过程中给予我充分的指导和帮助，也让我有机会从中学习到如何主持和完成一项复杂科研项目；感恩闫华红教授像母亲一样一直关心和照顾着我，并且一直对我提出高标准和高期待。这两位老师所给予我的关爱、资源和成长的机会，都是我最宝贵的财富。这两位老师给予我的，我没有办法报答，只能永远记在心里，心怀感恩，并用自己的努力，回报这两位老师的信任。

感谢首都经济贸易大学会计学院的老师们，您们是我研究过程中的坚实后盾。感谢付磊老师在课堂教学和哈博论坛评审过程中对我多篇学术论文的认可和鼓励，付老师的支持让我树立了学术论文写作的信心；感谢杨世忠老师为我们讲解资源会计的相关研究，让我的研究视野得到了很大的扩充；感谢栾甫贵老师带领我进入企业实地调研，让我在学术之外增加了更多的实践阅历；感谢汪平老师、支晓强老师、叶康涛老师对学术文献的精彩讲解，对我的学术启蒙产生了很大的作用；感谢马元驹老师在本科时为我们设计的会计手工实习操作软件，也是在他的启发下，我对计算机技术应用于会计教学产生了极大的兴趣。还有顾奋玲老师、王海林老师、蔡立新老师、刘文辉老师、刘仲文老师、刘瑛老师、韩文连老师、黄毅勤老师、陈郡老师、李文老师、王凡林老师、李百兴老师、袁晓勇老师、王霞老师、叶青老师、贺宏老师、袁光华老师、汤炳亮老师、赵天燕老师、张凤环老师、曹健老师、许江波老师、段新生老师、蒋燕辉老师、王哲兵老师、王健琪老师、王国生老师等，均在不同阶段教授给我专业课程，对我知识的积累和专业兴趣的培养有很大的帮助。感谢申慧慧老师、卿小权老师、王伟老师、于鹏老师、孙静老师、张馨艺老师利用业余时间对我的指导和帮助，让我在学术上受益匪浅；感谢赵懿清老师在台湾交流期间对我的帮助和照顾，让我在异地他乡有像亲人一样的温暖；感谢王国纲老师在台湾时对我的照顾和帮助，感谢俞洪昭老师馈赠的实验经济学著作，这些均让我在交流访问中扩充了眼界，提升了专业水平。

感谢张倩、孙甲奎、许骞，以及师门的所有师兄师姐们，作为师门中年纪非常小的师弟，承蒙师兄师姐在博士后期间对我的照顾和提携。感谢崔老师和闫老师师门的师弟师妹们，论文的完成离不开大家对我的支持和帮助。在此特别需要感谢周畅、王肇、王守盛、李博、姜晓雯、唐玮、于鹏、许倩、包楠、董旭等，衷心祝愿我的兄弟姐妹们一帆风顺！

最后，我也要特别感谢我的父母和爱人魏琳，你们在背后坚定地支持着我的学习，如果没有你们的帮助，我不可能坚持下来十一年的求学生涯。感谢父亲不断地激励我向更高的水平进修和学习，我至今还记得您对我说过的话：只要我愿意，您都非常乐意继续供我读书。这份承诺也扫清了我读博的后顾之忧。感谢母亲在我背后默默地支持，虽然有时我也向您抱怨唠叨，但是儿子心中知道您对我的无私关怀。感谢爱人魏琳对我一直的支持和陪伴。我们在这所学校结缘，和你在一起，我会鼓起勇气在未来的道路上奋勇向前。最后，再次感谢我的家庭，有你们真的很幸福！

千言万语道不尽心中的感谢，唯有将感激牢记心中，化为前进的动力，以自己努力的工作成果来回报所有关心、帮助过我的老师、同学、亲人和朋友们！

张 悦
2018 年 6 月 30 日于北京大学